Texte, Themen und Strukturen

Deutschbuch für die Fachhochschulreife

Prüfungsvorbereitung

Arbeitsheft mit Lösungen

Herausgegeben von Angela Mielke und Bernd Schurf

Erarbeitet von
Angela Mielke
Petra Schappert
Claudette Suckrau

Cornelsen

Einführung: Prüfungsklausuren vorbereiten und trainieren

In diesem Arbeitsheft finden Sie exemplarische Prüfungsaufgaben für Abschlussklausuren im Fach Deutsch. Die Aufgaben sind gestellt auf der Grundlage maßgeblicher Themen des Deutschunterrichts in den Bildungsgängen, die zur Fachhochschulreife führen. Sie decken die Bereiche Sprache, Medien und Literatur und die verschiedenen möglichen Aufgabenarten der Abschlussklausur ab.
Von Bundesland zu Bundesland variieren die Prüfungsaufgaben und die ihnen zugrunde liegenden Lektüren und Themen. Ebenso gibt es Unterschiede hinsichtlich der Ihnen zur Verfügung stehenden Bearbeitungszeit, der Anzahl der Prüfungsvorschläge und in der Frage, ob die Aufgabenstellungen aus einer Aufgabe oder mehreren Teilaufgaben bestehen. Für die Vorbereitung Ihrer Prüfungsklausur ist es wichtig, dass Sie über die konkreten Anforderungen in Ihrem Bundesland genau Bescheid wissen.

1 Beantworten Sie folgende Fragen. Informieren Sie sich dazu bei Ihrer Fachlehrerin/Ihrem Fachlehrer oder recherchieren Sie gegebenenfalls im Internet (auch hier kennt Ihre Lehrerin/Ihr Lehrer sicher die Adresse).

a Wie viel Zeit werde ich in der Abschlussklausur zur Verfügung haben? ____________________

b Aus wie vielen Vorschlägen kann ich auswählen? Aus 5 ☐, 4 ☐, 3 ☐, 2 ☐, keine Wahlmöglichkeit ☐

2 **a** Informieren Sie sich bei Ihrer Lehrkraft, welche Lektüren und welche Themen Gegenstand der Prüfungsaufgaben sein können.

b Übertragen Sie die folgenden Tabellen in ein Heft, das Sie zur Übung mit diesem Arbeitsheft parallel führen sollten. Tragen Sie dort die Ergebnisse Ihrer Nachfrage aus Aufgabe 2a ein und beurteilen Sie Ihren persönlichen Vorbereitungsstand.

Gelesene Lektüren/ Ganzschriften	Intensität der eigenen Beschäftigung/Thema	Erfolg der eigenen Beschäftigung	Übungskapitel in diesem Heft
Lessing: „Emilia Galotti" (Epoche Aufklärung)	sehr intensiv; Thema: Bürgertum gegen feudale Obrigkeit	bedingt: Schwächen in der Analyse der Figurensprache	Kapitel 7

Behandelte Sprachthemen	Intensität der eigenen Beschäftigung/Thema	Erfolg der eigenen Beschäftigung	Übungskapitel in diesem Heft
Werbeanalyse	wenige Stunden	gute Kenntnisse in der Analyse rhetorischer Mittel	Kapitel 2

c Verschaffen Sie sich einen Überblick über die Kapitel in diesem Arbeitsheft und ordnen Sie – möglichst mithilfe Ihrer Lehrkraft – zu, welches Kapitel Ihnen bei welcher Lektüre, welchem Thema helfen kann.

1 Aufgaben

1.1 Aufgabenarten

Sie können in der Abschlussklausur verschiedene Aufgabenarten erwarten, die Sie aus Ihrem bisherigen Unterricht und aus entsprechenden Klausuren kennen. Die Aufgaben in diesem Heft entsprechen Aufgabenarten, die in allen Bundesländern so oder vergleichbar gestellt werden.

- Vergleichende Analyse von zwei Sachtexten ____________________
- Analyse einer Werbeanzeige ____________________
- Analyse einer Rede ____________________
- Lineare und dialektische Erörterung ____________________

- Analyse der Argumentation eines Sachtextes, kritische Stellungnahme ______
- Analyse und Interpretation eines Prosatextes ______
- Analyse und Interpretation eines dramatischen Textes ______
- Analyse und Interpretation eines Gedichtes ______
- Aufgabengeleitetes und produktives Verstehen eines Prosatextes ______

3 **a** Notieren Sie zu jeder Aufgabenart in diesem Heft die Bezeichnung, die in Ihrem Bundesland bzw. in Ihrem Unterricht dafür üblich ist.

b Streichen Sie Aufgabenarten, die für Sie NICHT relevant sind, nach Absprache mit Ihrer Lehrkraft.

c Markieren Sie die Aufgabenart/en, die Sie noch einmal intensiver üben sollten.

Tipp

Prüfen Sie selbstkritisch die Aufgabenvorschläge im Hinblick darauf, ob Sie beides – Text(e) und Aufgaben – bewältigen können. Entscheiden Sie sich für den Vorschlag, der einen für Sie *zugänglichen* Text und Ihnen *vertraute Aufgabenstellungen* beinhaltet.

1.2 Operatoren

Mit Operatoren bezeichnet man die Aufforderungsverben in den Prüfungsaufgaben. Sie geben an, welche Handlungs- bzw. Vorgehensweise mit der Aufgabe verbunden wird. Je nach Operator wird unterschieden, wie komplex ein Arbeitsauftrag zu bearbeiten ist, welchen Schwierigkeitsgrad die Aufgabe hat und wie die erbrachte Leistung zu bewerten ist. Es ist daher sehr wichtig, die Prüfungsaufgaben genau zu lesen sowie die Operatoren und ihre Bedeutung zu beachten.

4 In der folgenden Tabelle finden Sie Begriffsumschreibungen zu wichtigen Operatoren. Ordnen Sie diesen je ein Operator-Verb aus der Liste zu. Notieren Sie es in die rechte Tabellenspalte.

beurteilen • gestalten • analysieren • erörtern/diskutieren • einordnen/zuordnen • vergleichen

Begriffsumschreibungen wichtiger Operatoren	Operator-Verben
1. nach vorgegebenen oder selbst gewählten Gesichtspunkten Gemeinsamkeiten, Ähnlichkeiten und Unterschiede ermitteln und darstellen	
2. auf der Grundlage eines Textes und seiner inhaltlich-stilistischen Gegebenheiten gemäß vorgegebener Kriterien eine produktive Idee in eine eigene Textgestaltung umsetzen	
3. eigene Gedanken zu einer darzustellenden Problemstellung entwickeln und ein abgewogenes Urteil fällen bzw. eine Schlussfolgerung erarbeiten. Hierbei sind unterschiedliche Standpunkte auszuführen und zu begründen	
4. mit gezielten Fragen sprachliche, inhaltliche und/oder strukturelle Merkmale eines Textes systematisch erschließen und im Zusammenhang darstellen	
5. zu einem Sachverhalt bzw. Problem mit Bezug auf eine Wertordnung bzw. Fachwissen und -methoden begründet und selbstständig Stellung nehmen	
6. eine Aussage, einen Sachverhalt oder einen Text nebst Erläuterungen in einen vorgegebenen oder selbst gewählten (literar-)historischen, literarischen oder thematischen Zusammenhang einbeziehen	

2 Textarbeit und Schreibplanung

2.1 Tipps zur Arbeit während der Klausur

- **Teilen Sie sich Ihre Klausurzeit sinnvoll ein:** In Klausuren ergeben sich oft Probleme mit dem Zeitmanagement. Wenn Sie Probleme haben, sich die Zeit in einer Klausur sinnvoll einzuteilen, sollten Sie versuchen, mindestens zwei Übungseinheiten in der für Sie vorgegebenen Zeit zu bewältigen. Sie sollten sich dazu je Arbeitsschritt die Zeit aufschreiben und bei Überschreitung überlegen, weshalb Sie wo zu lange gebraucht haben.

- **Beginnen Sie Ihre Textarbeit mit *aktivem* Lesen:** Arbeiten Sie den ausgewählten Text zunächst mit einem Stift *mehrfach* durch, indem Sie
  - sparsam Ihnen wichtige *Schlüsselwörter* und *Kernaussagen* unterstreichen,
  - *schwierige Wörter* in Ihnen **erlaubten Hilfsmitteln** (in der Regel: Wörterbuch der deutschen Rechtschreibung, Textausgaben mit Worterläuterungen ohne Kommentar) nachschlagen,
  - nach erneuter Lektüre am Textrand *Notizen* zu ersten Einsichten machen und
  - diese ergänzen, indem Sie Textaussagen und erste Einsichten auf Ihr *Vorwissen* beziehen.

- **Erstellen Sie auf einem Konzeptpapier einen *übersichtlichen Schreibplan*,** indem Sie
  - gemäß der Prüfungsaufgabe eine *Grobgliederung* entwerfen und die Gliederungspunkte mit Farbmarkern unterschiedlich einfärben,
  - mit diesen *Farbmarkern* die Notizen auf Ihrem Konzeptpapier diesen Punkten *zuordnen*,
  - den *zeitlichen Ablauf* der Klausur *im Hinblick auf die Gewichtung* der Aufgaben planen.

- **Verwenden Sie relevante Fachbegriffe:** In einer Prüfungsklausur benötigen Sie Fachbegriffe, die für die verschiedenen Aufgabenarten und daraus resultierenden Aufsatzformen wichtig sind. Die fachliche Qualität Ihrer Arbeit hängt von der zielgerichteten und korrekten Verwendung solcher Fachbegriffe ab.

- **Prüfen Sie Ihre Arbeit auf Fehler:** Über den Inhalt hinaus ist die sprachliche Richtigkeit von Bedeutung. Bei auffällig häufigen Verstößen gegen die Rechtschreibung, Zeichensetzung und Grammatik sowie bei mangelnder Ausdrucks- und Darstellungsfähigkeit (z. B.: fehlerhafte Verwendung von Fachbegriffen, kein klarer gedanklicher Aufbau, kein variabler Satzbau, fehlende logische Verknüpfungen) können Ihnen je nach Vorgaben Ihres Landes Notenpunkte abgezogen werden.

2.2 Überarbeitung und Auswertung

5 Schreiben Sie mithilfe dieses Arbeitsheftes mehrere Probeklausuren und überarbeiten Sie diese gründlich.

a Kontrollieren Sie nach jeder Probeklausur, ob Sie die Ihnen gestellte Prüfungsaufgabe gemäß Ihren Vorbereitungen zum Aufgabenverständnis vollständig bearbeitet haben.

b Prüfen Sie alle Teile der Klausur mithilfe der Checkliste (▶ hintere Heftklappe) inhaltlich und formal. Nutzen Sie die Zusammenstellung wichtiger Regeln und die Übungsmöglichkeiten in Kapitel 10 (▶ Seite 80 ff.).

c Stellen Sie nach jeder Übungseinheit ausführlich und objektiv fest, welche Kenntnislücken Sie gehabt haben. Arbeiten Sie anschließend mithilfe Ihrer Kursunterlagen, Ihres Lehrbuchs und gegebenenfalls weiterer Fachliteratur das nach, was Sie wiederholen sollten.

1 Untersuchendes Erschließen pragmatischer Texte Vergleichende Analyse von zwei Sachtexten

Aufgabenbeispiel

1. Führen Sie eine vergleichende Analyse der Texte von Roland Kaehlbrandt und Thomas Steinfeld durch.
2. Erarbeiten Sie mithilfe Ihrer Analyseergebnisse die Aussageabsicht der Autoren und beurteilen Sie die Wirkung der Texte unter Berücksichtigung der jeweiligen Zielgruppe.

Textgrundlage

Roland Kaehlbrandt

Unsere Sprache verkommt zum Plastik-Deutsch (Sächsische Zeitung, 2011)

[...] Prestige der Sprache

Man bewertet an einer fremden Sprache auch das Prestige. Und das wiederum hängt von der Sprachkultur, auch von der Sprachpflege ab. Dafür steht seit Jahrhunderten das Beispiel des Französischen. An der deutschen Sprachkultur hapert es aber ganz gewaltig. Wir selbst untergraben unsere Sprache. Da ist einmal der Jargon unserer sogenannten Schwatzgesellschaft. Es hat sich eine Art übergreifender Jargon herausgebildet, den ich als Plastik-Deutsch bezeichnen möchte. Es ist gekennzeichnet durch Unbestimmtheit (wie Vision, Struktur, Synergie, Rahmen, Bereich), durch Aushöhlung und Umwidmung sinnvoller Begriffe (Unternehmenskultur, Verkaufsphilosophie) und durch Übertreibung (unheimlich spannend, Herausforderung, Kauferlebnis). Dieser Plastik-Jargon gibt sich auch gern amerikanisch. Unter den Neuwörtern der 90er-Jahre machen die Anglizismen 40 Prozent aus, wie das Institut für Deutsche Sprache ermittelte.

Kernthese

Beispiel 1

Mit anderen Worten: Fast jedes zweite Wort, das im vergangenen Jahrzehnt neu gebildet wurde, war englisch. Das Deutsche hat damit unter den europäischen Sprachen den größten Zuwachs. Ein paar Beispiele, die wir alle kennen: chat group, cybersex, burnout. Der Publizist Dieter E. Zimmer hat auf die Sprachunsicherheiten hingewiesen, die viele Anglizismen mit sich bringen. Wie konjugieren wir eigentlich biken? Du bikest? Du bikst? Du beikst? Welches ist das grammatische Geschlecht von E-Mail, Event, Laptop?

Umfassende Sprachkultivierung

Wahrscheinlich brauchen wir heute wieder eine umfassende Sprachkultivierung, wie sie der deutschen Sprache vom Späthumanismus[1] bis zur Romantik[2] zugute kam, als Philipp von Zesen[3] ein Wort wie „Leidenschaft" für „Passion" erfand und verbreitete oder als sich Johann Heinrich Campe[4] Wörter wie „feinfühlig" und „schöngeistig" ausdachte. Wenn wir eine erstklassige sprachliche

Forderung

1 **Humanismus:** *europäische Geistesrichtung des 15. und 16. Jahrhunderts, knüpft an die Philosophie der Antike an, Augenmerk liegt u.a. auf der Würde des Menschen und dessen Recht auf Bildung*
2 **Romantik:** *kulturgeschichtliche Epoche Ende des 18., Anfang des 19. Jahrhunderts; Jacob und Wilhelm Grimm beginnen in dieser Zeit (1838) mit der Arbeit an einem dt. Wörterbuch*
3 **Philipp von Zesen (1619–1689):** *Dichter des Barock*
4 **Johann Heinrich Campe (1746–1818):** *Schriftsteller und Verleger, Herausgeber eines Wörterbuchs der deutschen Sprache*

Bildung, eine Stilbildung hätten, die zeigte, wie man besser formuliert, dann hätte dieser Jargon mit der ihm zugrunde liegenden Haltung einen ernst zu nehmenden Widerpart.
Stattdessen wurde in etlichen traditionsreichen deutschen Unternehmen in den letzten Jahren das Englische als Unternehmenssprache eingeführt. Man hat nicht einmal das Deutsche daneben belassen. Aus welchen wirtschaftlichen Erwägungen soll dann eigentlich noch jemand im Ausland Deutsch lernen? In Deutschland werden inzwischen 700 Studiengänge auf Englisch angeboten. Welche kulturellen Bindungen an unser Land verspricht man sich eigentlich von Studierenden, die nicht einmal eine deutsche Zeitung lesen können? In den Wissenschaften werden ganze deutsche Fachwortschätze und damit auch Argumentationsstile aufgegeben, die man in jahrhundertelanger Arbeit entwickelt hat. Es ist eine echte Gefährdung lebendiger Sprachen, zumal gerade wissenschaftliche und technische Fachsprachen die Allgemeinsprache bereichern.

Vernachlässigung unserer Sprache

Es ist eine Mischung aus Provinzialismus, Dünkel und Gedankenlosigkeit, die uns zur Vernachlässigung unserer Sprache führt. Wie wäre es, wenn wir stattdessen auf ausländische Freunde hörten, die sich, wie ein amerikanischer Humboldt[5]-Stipendiat, eine deutsche Kulturpolitik in weltbürgerlicher Absicht wünschen, da die deutsche Sprache viele Schätze menschlicher Zivilisation berge? [...]

Thomas Steinfeld (geb. 1954)

Der Sprachverführer (2010)

Die Klage über den Verfall der Sprache hat ihren Grund meist darin, dass sie als absoluter Wert begriffen wird, nicht als immer wieder neu zu schaffende Errungenschaft, weil ein idealer Zustand, der nie bestand, der Gegenwart als Maßstab entgegengehalten wird. Errungenschaft aber – das kann nur heißen: etwas als Lebendiges übernehmen, zum Pflegen und Weiterbilden, nicht zum Zweck der Verteidigung, nicht als Besitz, nicht als hilflosen Glauben an eine Heilsgemeinschaft in der Muttersprache, sondern als gewusste Veränderung. Die Frage nach dem besten Deutsch ist daher unfruchtbar. Schon die nach dem besseren Deutsch wäre kaum zu beantworten, so viele Voraussetzungen wären dafür zu bedenken. Und wenn es dennoch Belege genug dafür zu geben scheint, dass sich die Mängel in der Sprache häufen, dann gibt es dafür einen Grund, der allen Kulturpessimismus[6] weit übersteigt: Es fehlt meistens nicht die Sprache, sondern es fehlen die Sprecher, es mangelt nicht an Grammatik oder Wortschatz, sondern es sind die Redner und Schreiber, die nicht beherrschen oder nicht beherrschen wollen, was doch eigentlich zu den Grundlagen der Verständigung gehören müsste. Denn die Sprache gibt erst einmal nur Freiheit, und dann ist es jedem freigestellt, ob er sich der Phrasen bedient oder nicht. [...]

Fremde These

Parallelismus

Selbstverständlich kann man die deutsche Sprache lieben. Aber man sollte sie nicht auf die unfruchtbare Weise lieben, die auf einem bestimmten Zustand insistiert[7] und ihn gegenüber aller Veränderung behaupten will – nicht pedantisch, sondern leicht und mit einem Blick für das Komische. „Die Welt sollte von den Worten her ausgehend verbessert werden, das war eine phantastische, aber doch nicht nur verrückte Idee", sagt Rainald Goetz.[8] Er träumt nicht nur. „Die Sätze, die ich schreibe, sagen mir etwas, was ich, bevor ich diese Sätze schrieb, nicht gewusst habe", erklärt Martin Walser.[9] Und noch etwas: Die selige Sicherheit, die das Wort „Heimat" meint und unter der man sich meist ein mehr oder minder geschütztes Territorium vorstellt, ist in Land und Leuten[10] nicht zu finden. Die Sprache aber gewährt sie immer, unendlich wandelbar und morgen ganz anders als gestern.

5 **Humboldt-Stipendium:** *nach dem deutschen Naturforscher Alexander von Humboldt (1769–1859) benannte Stiftung, die Stipendien an junge deutsche und ausländische Wissenschaftler vergibt*
6 **Kulturpessimismus:** *Befürchtung, die eigene Kultur sei zum Niedergang verurteilt*
7 **insistieren:** *auf etwas bestehen, beharren*
8 **Rainald Goetz:** *Schriftsteller (geb. 1954)*
9 **Martin Walser:** *Schriftsteller (geb. 1927)*
10 **Land und Leute:** *aus dem Lehnswesen des Mittelalters stammende so genannte Zwillingsformel (andere Beispiele: Haus und Hof, erb und eigen)*

1.1 Erster Schritt: Die Aufgabenstellung verstehen

1 Kreuzen Sie an, welche Tätigkeiten in der Aufgabenstellung von Ihnen verlangt werden.

- [ ] 1. die Texte in ihre jeweilige Epoche einordnen
- [ ] 2. Position und Argumentation der Texte vergleichen
- [ ] 3. eigene Pro- und Kontra-Argumente entwickeln
- [ ] 4. das Zitat eines Schriftstellers auf sein Werk beziehen
- [ ] 5. das Thema der beiden Texte bestimmen
- [ ] 6. mich über die beiden Autoren informieren
- [ ] 7. den Konjunktiv (indirekte Rede) anwenden können
- [ ] 8. mein Vorwissen zum Thema Sprachkritik aktivieren
- [ ] 9. die sprachlichen Merkmale der Texte erarbeiten und in ihrer Wirkung vergleichen
- [ ] 10. die Intention der Texte vergleichen

2 Legen Sie eine sinnvolle Reihenfolge fest, in der Sie die angekreuzten Tätigkeiten durchführen wollen.

1.2 Zweiter Schritt: Einen Zugang zum Text finden – Das Vorwissen zum Thema aktivieren

1 Erschließen Sie sich einen Zugang zu den Texten, indem Sie Ihre Vorkenntnisse zum Themengebiet „Sprache – Erscheinungsformen und Funktion“ aktivieren. Ordnen Sie dieses Wissen auf einem gesonderten Blatt, z. B. in einer Mindmap, nach dem folgenden Muster. Berücksichtigen Sie Kenntnisse aus dem Deutschunterricht und aus anderen Fächern, aber auch die gesellschaftliche Debatte sowie Ihre eigenen Erfahrungen.

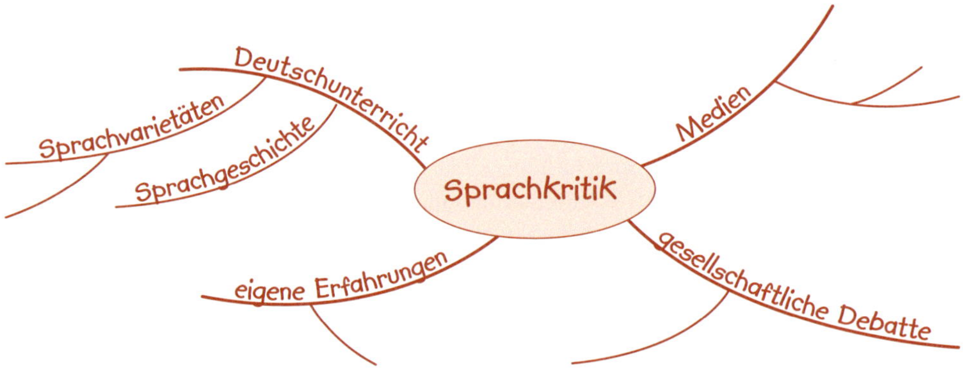

2 Halten Sie auf einem gesonderten Blatt fest, welche Assoziationen die Sätze „Unsere Sprache verkommt zum Plastik-Deutsch“ (Kaehlbrandt, Titel) und „Sprache gibt … Freiheit“ (Steinfeld, Z. 13) bei Ihnen wecken.

3 Überlegen Sie, welche Rolle die Thematik im öffentlichen Diskurs spielt. Machen Sie sich dazu stichwortartige Notizen auf einem gesonderten Blatt.

1.3 Dritter Schritt: Thema und Thesen der Texte erfassen

1 Wählen Sie aus den folgenden Fragen diejenige aus, welche das Thema **beider Texte** am besten trifft.

Info

Fragen helfen bei der Erschließung von Sachtexten. Mit einer **Entscheidungsfrage** („Gibt es eine für alle Nutzer verbindlich normierte Sprache?“) kann das Thema formuliert werden. Die Argumentation der Autoren lässt sich eher mit **Ergänzungsfragen** erschließen („Welche verbindlichen Normen schlägt der Autor vor?“).

- [ ] 1. Könnten die Franzosen im Umgang mit ihrer Sprache ein Vorbild für uns sein?
- [ ] 2. Ist die deutsche Gegenwartssprache vom Niedergang bedroht?
- [ ] 3. Kann man die deutsche Sprache lieben?
- [ ] 4. Gibt es einen idealen Zustand der deutschen Sprache als Maßstab für die Gegenwartssprache?
- [ ] 5. Sind Anglizismen ein Grund für den Verfall der deutschen Sprache?

2 Suchen Sie die Textstellen heraus, in denen die Autoren jeweils ihre Kernthese formulieren. Überlegen Sie, ob es sich dabei um *explizite* (wörtlich zitierbar) oder *implizite* Thesen (aus dem Textganzen zu erschließen) handelt. Untersuchen Sie, in welcher syntaktischen Struktur die Thesen formuliert werden.

Kaehlbrandt: ______________________________ Z. ______

Steinfeld: ______________________________ Z. ______

Es handelt sich um ______________________________ Thesen.

Sie werden syntaktisch als ______________________________ formuliert.

1.4 Vierter Schritt: Den Inhalt, die Argumentationsstruktur und den gedanklichen Aufbau der Texte erfassen

1 Lesen Sie die Texte nun aktiv durch (evtl. mehrmals) (Seite 60, ▶ Info). Erschließen Sie fremde Begriffe aus dem Kontext oder mithilfe eines Nachschlagewerks.

> **Tipp**
> Arbeiten Sie nach Möglichkeit mit Kopien der Texte, so können Sie sie nebeneinanderlegen und besser vergleichen. Nutzen Sie bei beiden Texten konsequent ein einheitliches Markierungssystem, um einen optischen Eindruck von Unterschieden und Ähnlichkeiten zu bekommen. Arbeiten Sie auch mit unterschiedlichen Unterstreichungen oder Textmarkern, um verschiedene Textebenen (Kernthesen, Begründungen, Beispiele etc.) zu kennzeichnen. Achten Sie aber darauf, die Markierungen **gezielt und sparsam** vorzunehmen, damit Sie die Übersicht nicht verlieren.

2 Bearbeiten Sie zunächst den Text von Kaehlbrandt. Konzentrieren Sie sich auf den ersten Abschnitt (Z. 1–23) und vervollständigen Sie stichwortartig den Argumentationsgang.

> **Tipp**
> Versuchen Sie bei der Analyse eines Textes nicht, ihn gleich als Ganzes zu erfassen. Konzentrieren Sie sich zunächst auf einzelne Abschnitte. Folgen Sie dabei entweder dem Text oder beginnen Sie mit einem Teil, der Ihnen leichter zugänglich erscheint, und halten Sie dessen Inhalt stichwortartig fest. Danach bearbeiten Sie die weiteren Teile. Als Abschluss können Sie mit einer grafischen Darstellung der Zusammenhänge zwischen den Teilen den Text als Ganzes erfassen.

These

______________________________ (Z.)

↓

Argument

______________________________ (Z. 9 ff.)

↙ ↘

Argumentationsstütze 1	Argumentationsstütze 2
„Unbestimmtheit" (Z. 13 ff.)	______________

3 Untersuchen Sie, in welcher Form Kaehlbrandt seine Thesen und Argumente formuliert.

Info

Thesen sind Behauptungen, mit denen Urteile, Meinungen, Forderungen/Wünsche oder Prognosen transportiert werden. Sie können also die Themenfrage unterschiedlich aufgreifen. Die Argumentation wird der jeweiligen Art der These angepasst:
- Beschreibung einer (als real empfundenen) Situation → Tatsachen → Indikativ
- Beschreibung einer (noch) irrealen Situation → Hypothesen → Konjunktiv
- Aufforderung zu einer veränderten Denk-/Verhaltensweise → Appelle → Konstruktionen mit Hilfsverben (*müssen, sollen* etc.) → Konjunktiv oder Imperativ

Abschnitt	These	Argumentation
1	Real: mangelhafte Sprachkultur (Z. 6 f.)	Tatsachen, Indikativ: „Es ist gekennzeichnet" (Z. 12 f.)
2		
3	Real: Aufforderung:	

4 Erarbeiten Sie, mit welcher Art von Argumentationsstützen Kaehlbrandt seine Thesen erhärtet. Ergänzen Sie die Tabelle.

Textstelle	Art der Argumentationsstütze
1. „Es ist gekennzeichnet durch Unbestimmtheit (wie Vision, Struktur, Synergie, Rahmen, Bereich) …" (Z. 12 f.)	
2. „Der Publizist Dieter E. Zimmer …" (Z. 20)	
3. „Wenn wir eine erstklassige sprachliche Bildung, eine Stilbildung hätten …" (Z. 28 ff.)	
4. „700 Studiengänge auf Englisch" (Z. 34)	statistisches Material
5. „Humboldt-Stipendiat" (Z. 43)	

5 Machen Sie sich klar, wie Kaehlbrandt die drei mit Zwischenüberschnitten versehenen Abschnitte (Z. 1–23, Z. 24–39, Z. 40–44) miteinander verknüpft. Übertragen Sie das Strukturdiagramm auf ein gesondertes Blatt und ergänzen Sie es.

Tipp

Visualisierungen gedanklicher Zusammenhänge sind anspruchsvoll und zeitintensiv. Sie zwingen Sie aber zur intensiven Durchdringung der Gedankengänge und sind eine Grundlage für die Analyse des Textaufbaus. Insbesondere beim Vergleich verschiedener Texte liefern sie Ihnen wertvolle Erkenntnisse. Die Intention, welche Sie bei einer Visualisierung verfolgen, bestimmt die Wahl der Darstellungsart. Die logische Struktur eines Arguments lässt sich gut in Form eines Flussdiagramms wiedergeben (Seite 9, ▶ 2). Die gedanklichen Zusammenhänge eines Textes können z. B. mithilfe eines Strukturdiagramms verdeutlicht werden.

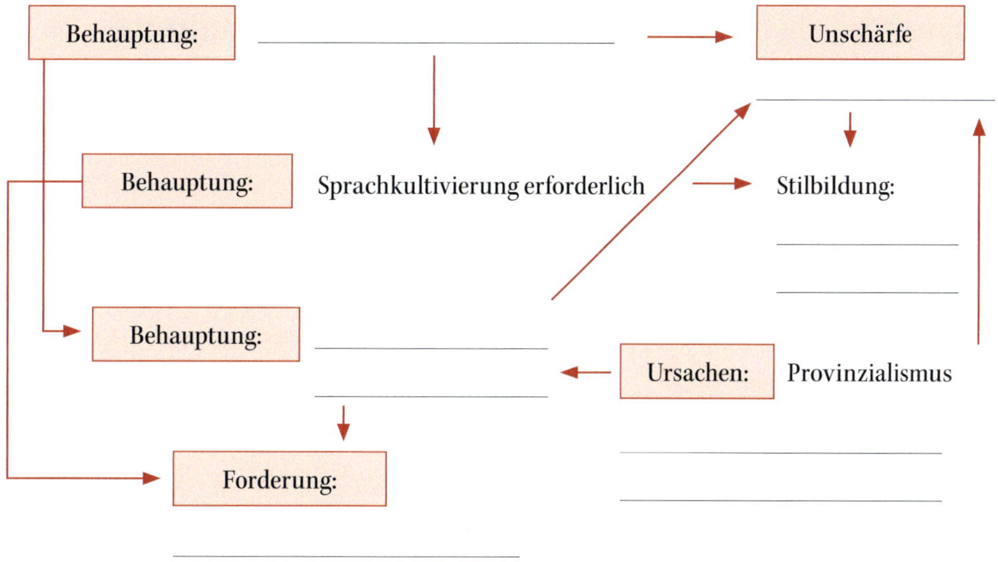

6 Sie haben bisher nur einen Text untersucht. Schließen Sie nun das Arbeitsheft und machen Sie sich noch einmal die Schritte klar, welche Sie bisher vollzogen haben. Notieren Sie diese auf einem gesonderten Blatt.

7 Bearbeiten Sie nach diesem Muster den Text von Steinfeld.

8 Stellen Sie stichwortartig die Positionen der Autoren gegenüber und werten Sie ihre Standpunkte aus.

Kaehlbrandt	Vergleich	Steinfeld
konstatiert mangelhafte Sprachkultur	konträre Position	widerspricht der Klage vom Verfall der Sprache
bewertet die Gegenwartssprache		
gibt Beispiele für negative Veränderungen		
fordert Sprachkultivierung		
fordert veränderte Kulturpolitik zur Wahrung der Schätze der Zivilisation		

9 Überlegen Sie, welche Arbeitsschritte Sie noch durchführen müssen, um der Aufgabenstellung gerecht zu werden. Setzen Sie die passenden Begriffe ein.

Wirkung • Quelle • Erzählhaltung • Zielgruppe • Bewertung • Notizen • sprachlich-stilistische Gestaltungsmittel • Interpretation • Wechselbeziehung • Inhalt • Aufbau

Zu einer vollständigen Analyse fehlt noch die Untersuchung der ______________________ ______________________________ und deren ______________________ mit dem Inhalt sowie ihres Bezugs zur ______________________. Danach lese ich meine ______________________________ noch einmal durch, um eine abschließende ______________________ der Texte vornehmen zu können.

1.5 Fünfter Schritt: Die sprachlich-stilistischen Gestaltungsmittel beschreiben und ihre Funktion erläutern

1 Ordnen Sie jedem Text eine passende Beschreibung der sprachlich-stilistischen Gestaltungsmittel zu. Kreuzen Sie an:

- ☐ 1. vorwiegend hypotaktisch, Parallelismus, Dreischritt, Wiederholung, Alliteration, poetisch wirkende Formulierungen, Anapher, Indefinitpronomen, Zwillingsformel, ungewöhnliche Wortwahl
- ☐ 2. umfangreiche Hypotaxen, Ausrufe, Parenthesen, gehobene Wortwahl, Fachbegriffe, Ironie, Wortspiele, Einschübe, direkte Anrede „Sie"
- ☐ 3. parataktische Passagen neben Hypotaxen, Anapher, Ellipsen, rhetorische Fragen, Dreischritt, Aufzählung, gehobene Sprache mit eingeschobenen umgangssprachlichen, z.T. drastischen Elementen, Personalpronomen „wir", Wortneubildung

Tipp

Die sprachliche Gestaltung eines Textes hängt eng mit der inhaltlichen Aussage zusammen. Es ist daher möglich, dass Sie sprachliche Feinheiten erst erkennen, wenn Sie sich intensiv mit dem Inhalt auseinandergesetzt haben. Tragen Sie sich deshalb die Texte noch einmal „innerlich laut" vor.

2 Weisen Sie die zugeordneten Beschreibungen an Auszügen des jeweiligen Texts nach und beurteilen Sie die Wirkabsicht der Autoren. Legen Sie sich für jeden Text eine Tabelle nach folgendem Muster auf einem gesonderten Blatt an.

Kaehlbrandt

sprachliche Mittel	Textstelle	Wirkabsicht
Parataxen	Z. 2–10	Fakten knapp und klar schildern
Hypotaxen	Z. 25 ff.	Wunschvorstellung ausführlich schildern
Parataxe	Z. 31 f.	enttäuschende Realität als krassen Gegensatz darstellen

3 Machen Sie sich mithilfe der Informationen aus dem Info-Kasten ein Bild von der jeweiligen Zielgruppe. Setzen Sie dieses Bild in Bezug zum Inhalt und zu den Gestaltungsmitteln des jeweiligen Textes.

Info

Roland Kaehlbrandt ist Sprachwissenschaftler und Kommunikationsforscher. Die **„Sächsische Zeitung"** ist die größte regionale Tageszeitung im Raum Dresden mit einer Auflage von 685.000 Exemplaren. Die Altersstruktur ihrer Leserschaft setzt sich wie folgt zusammen: 18,6 Prozent sind zwischen 14 und 29, 15,2 Prozent zwischen 30 und 44 Jahre alt, die Gruppe der über 45-Jährigen stellt 66,2 Prozent. 27,8 Prozent der Leserschaft haben einen Hauptschulabschluss, 69,5 Prozent haben den qualifizierten Sekundarabschluss I oder einen höheren Schulabschluss.[11]

Thomas Steinfeld ist Germanist und Musikwissenschaftler, leitender Redakteur des Feuilletons der „Süddeutschen Zeitung" und Professor für Kulturwissenschaften an der Universität Luzern. In seinem Buch „Sprachverführer" untersucht er die Entstehung der modernen deutschen Sprache und deren Potenziale. Grundlage seiner Untersuchung sind Analysen des Sprachgebrauchs zahlreicher Schriftsteller unterschiedlicher Epochen (Lessing, Büchner, Heine, Kafka, Grass u.a.).

11 **Quelle:** *http://www.sz-online.de/wirueberuns/mediadaten/preisliste_print/download/SZ_MA.pdf, aufgerufen am 19.02.2011*

Leserschaft	Text
Kaehlbrandt	
in Bezug auf Bildung heterogen →	Anreiz zum Lesen muss geschaffen werden: drastische Formulierungen im Titel; „Wir"-Gruppe
Konfrontation der Leser mit dem Thema nicht gezielt, eher zufällig →	
mehrheitlich ältere Leser („digital immigrants"[12]) → Hang zu Anglizismen nicht so groß →	
Steinfeld	
haben fundierte Bildung, erleben Vielfalt der Sprache →	Liebe zur deutschen Sprache
beschäftigen sich gern mit Literatur →	
hohe Ansprüche an Sprache →	

4 Überlegen Sie, mit welcher Intention die Verfasser ihre Zielgruppe ansprechen. Markieren Sie die treffendsten Mittel/Verben mit unterschiedlichen Farben und machen Sie sich noch einmal klar, mit welchen Mitteln die Autoren diese Intention verwirklichen.

provozieren • informieren • beeinflussen • appellieren • manipulieren • überzeugen • bestätigen • lenken • verunsichern • darstellen • ein Vorbild geben • begeistern • angreifen • verunglimpfen

1.6 Sechster Schritt: Die Texte bewerten

1 Bewerten Sie die Texte, indem Sie überprüfen, inwieweit Roland Kaehlbrandt und Thomas Steinfeld ihre Positionen schlüssig, überzeugend und adressatengerecht entfalten.

Info

Um die Texte in ihrer Schlüssigkeit und ihrer Wirkung zu bewerten, müssen Sie sie als Ganzes noch einmal in den Blick nehmen. Für den letzten Schritt Ihrer Analyse sollten Sie daher Ihre Notizen noch einmal durchlesen. Formulieren Sie anschließend eine pointierte zusammenfassende Bewertung, bleiben Sie dabei nicht zu nah am Text. Fragen Sie sich, welche der folgenden **wertenden Adjektive** passend sind.

Positiv: adressatengerecht • beweiskräftig • einleuchtend • folgerichtig • glaubwürdig • korrekt • logisch • nachvollziehbar • plausibel • relevant • richtig • triftig • unstrittig • überprüfbar • überzeugend • zugkräftig

Negativ: abgedroschen • abwegig • anfechtbar • durchsichtig • fadenscheinig • haltlos • irrelevant • irreführend • leicht zu entkräften • nicht adressatengerecht • strittig • umstritten • zusammenhanglos • widersprüchlich

Zu Kaehlbrandt passen: ______________________________

Zu Steinfeld passen: ______________________________

12 **digital immigrant:** *wörtl. Übersetzung: digitaler Einwanderer, hat die digitalen Technologien erst im Erwachsenenalter kennengelernt; antonym: digital natives (digitale Eingeborene)*

1.7 Siebter Schritt: Eine vollständige Textanalyse verfassen

1 Skizzieren Sie auf einem gesonderten Blatt die Gliederung Ihrer Analyse. Orientieren Sie sich dabei an der klassischen Dreiteilung in Einleitung, Hauptteil, Schluss.

Info

Die **Einleitung** enthält die Überblicksinformationen (Autor, Titel, Textgattung, Quelle, Erscheinungsdatum, evtl. Adressaten). Das Thema und die Position des Autors werden mit eigenen Worten kurz umrissen.

Im **Hauptteil** wird der Inhalt strukturiert wiedergegeben. Die Argumentationsstruktur wird in ihrer Wechselbeziehung mit den sprachlich-stilistischen Gestaltungsmitteln nachvollzogen und in Bezug gesetzt zur Intention sowie zur Zielgruppe.

Der **Schluss** enthält – evtl. ausgehend von einer kurzen Zusammenfassung – die Bewertung des Textes. Je nach Aufgabenstellung wird z.B. die Schlüssigkeit und Wirkung der Argumentation beurteilt oder die Schreiberin/der Schreiber gibt eine persönliche Stellungnahme zur Position des Autors ab.

2 Überlegen Sie, wie Sie die Überleitungen zwischen den Teilen sprachlich gestalten wollen.

Tipp

Sie können Ihren Aufsatz eindrucksvoll abrunden, wenn Sie im Schluss einen Gedanken aus der Einleitung aufgreifen, z.B.:

Einleitung → Hauptteil: „... Kaehlbrandt vertritt in dem Artikel die Position, die deutsche Sprache sei vom Verfall bedroht. Diese Gefahr beschwört er gleich zu Beginn ..."

Hauptteil → Schluss: „Zuammenfassend lässt sich also feststellen, dass Kaehlbrandt seine pessimistische Sicht auf die deutsche Sprache ..."

3 Schreiben Sie gemäß Ihrem Schreibplan und den Formulierungshilfen Ihre Klausur.

Tipp

Für die Wiedergabe der Gedanken eines Autors stehen Ihnen die unterschiedlichsten Verben zur Verfügung, z.B.:

Der Autor appelliert • beginnt (mit) • behandelt • behauptet • bekräftigt • bemängelt • bemerkt • bestätigt • (be)urteilt • definiert • erörtert • erläutert • fordert auf • fügt hinzu • führt aus/an • grenzt ein • klärt • knüpft an • legt dar • macht aufmerksam • prophezeit • referiert • setzt sich auseinander • trägt vor • sagt (aus, voraus) • schlussfolgert • verweist • weist nach • zeigt auf ...

Achten Sie auf die grammatische Form der Verben. Sie können auch diese abwechslungsreich gestalten, indem Sie sowohl Formen im Indikativ als auch im Konjunktiv (▶ Seite 92 ff.) bilden, z.B.:

„Aus der Sicht des Autors / Nach Meinung des Autors sind die Nutzer verantwortlich für die Mängel der Sprache." • „Der Autor sieht die Verantwortung ... bei den Nutzern." • „ Der Autor führt an, die Nutzer seien verantwortlich für ..."

Info

Für den Hauptteil einer Sachtextanalyse ist am besten ein Aufbau nach dem **Reißverschlussprinzip** geeignet: Beschreibung Element 1 ⟶ Wirkung etc. ⟶ Beschreibung Element 2 etc. Beim Vergleich zweier Texte dient die Analyse des Elements 1 aus Text A als Ausgangspunkt für die Analyse dieses Elements aus Text B. Der Text wird immer als Ganzes ausgewertet, d. h., die Passagen werden nicht nacheinander abgearbeitet, sondern ein Element wird jeweils auf den ganzen Text bezogen analysiert.

1.8 Achter Schritt: Den eigenen Text überarbeiten und den Arbeitsprozess auswerten

1 Lesen Sie zunächst nur die Einleitung und den Schluss. Kontrollieren Sie, ob diese beiden Teile inhaltlich einen Rahmen für Ihren Aufsatz bilden.

2 Prüfen und überarbeiten Sie Ihren Text mithilfe folgender Fragen:

Checkliste

- Habe ich die Aufgabenstellung in allen Teilen meines Aufsatzes im Blick behalten?
- Enthalten alle Teile des Aufsatzes die relevanten Inhalte?
- Habe ich den Aufsatz, insbesondere den Hauptteil, sinnvoll aufgebaut und durch Abschnitte gegliedert?
- Habe ich die Textkohärenz sprachlich angemessen hergestellt?
- Habe ich immer die Texte als Ganzes im Blick behalten?
- Habe ich alle wichtigen Bestandteile meiner Notizen berücksichtigt?
- Sind die Analyseergebnisse am Text mit korrekten und funktionsgerechten Zitaten belegt?
- Habe ich die Regeln der Sprache (Orthografie, Zeichensetzung, Grammatik, insbesondere Konjunktiv) beachtet?

Tipp

Es empfiehlt sich, den Aufsatz mehrfach zu überarbeiten. Zunächst werden die Inhalte hinterfragt. Da hierbei mitunter Änderungen erforderlich sind, kann eine sinnvolle Prüfung von Rechtschreibung und Zeichensetzung erst danach erfolgen.

3 Überdenken Sie nach der Klausur den Arbeitsprozess, indem Sie die Arbeitsschritte noch einmal durchgehen und mit der zeitlichen Planung abgleichen.

4 Machen Sie sich Notizen, welche Aspekte Sie bei einer weiteren Klausur besonders beachten wollen.

2 Untersuchendes Erschließen pragmatischer Texte Analyse einer Werbeanzeige

Aufgabenbeispiel

Die Baumarkt-Kette Hornbach warb im Jahr 2010 mit einer Serie unterschiedlicher Anzeigen, die unter dem Titel „Hornbach ungekürzt" in verschiedenen Printmedien veröffentlicht wurden. Verfassen Sie eine vollständige Analyse der Anzeige, die im Nachrichtenmagazin „Der Spiegel" abgedruckt wurde.

Textgrundlage

Erläuterungen

Marienplatz: *Anspielung auf den zentralen Platz in München*
Kö: *Königsallee, Einkaufsstraße in Düsseldorf mit luxuriösen Geschäften*
HT-Rohr: *Hochtemperaturrohr*
PP-Rohr: *Rohr aus dem Kunststoff Polypropylen*
etc. pp.: *Verstärkung der Wendung „und so weiter", (lat. et cetera = und so weiter, lat. perge, perge = fahre fort)*

2.1 Erster Schritt: Die Aufgabenstellung verstehen

1 Kreuzen Sie an, welche Tätigkeiten in der Aufgabenstellung von Ihnen verlangt werden.

- ☐ 1. die sprachlichen Mittel analysieren
- ☐ 2. den Inhalt zusammenfassen
- ☐ 3. Pro-und-Kontra-Argumente zum dargestellten Sachverhalt formulieren
- ☐ 4. das Zusammenspiel von Text und Bildern beschreiben und bewerten
- ☐ 5. die intendierte Wirkung aus den Beobachtungen ableiten und beschreiben
- ☐ 6. Thesen durch eine aspektorientierte Analyse überprüfen
- ☐ 7. das Layout beschreiben und seine Wirkung beurteilen
- ☐ 8. den Text in eine Epoche einordnen
- ☐ 9. eine eigene Beurteilung formulieren
- ☐ 10. die Personenkonstellation untersuchen
- ☐ 11. Strategien und Konzepte erkennen und ihre Wirkung beschreiben
- ☐ 12. die Einzelelemente der Vorlage benennen und in ihrem Zusammenspiel analysieren
- ☐ 13. einen Dialog entwerfen

2.2 Zweiter Schritt: Den ersten Eindruck festhalten

1 Betrachten Sie die Anzeige noch vor dem gründlichen Lesen und notieren Sie stichwortartig Ihre ersten Eindrücke. Machen Sie sich Notizen zu Ihrem Blickverlauf und Ihren Fixationspunkten.

2 Legen Sie auf einem gesonderten Blatt eine Tabelle nach folgendem Muster an, in der Sie Eindrücke festhalten, die Sie bei der Betrachtung einer Werbeanzeige erwarten bzw. die Sie ungewöhnlich finden. Überlegen Sie, welche Wirkung die Werbefachleute mit diesen Mitteln beabsichtigt haben könnten.

Beobachtung	zu erwarten	eher ungewöhnlich	beabsichtigte Wirkung
wichtige Teile oben links und unten rechts angeordnet	X		die Sehgewohnheiten der Betrachter berücksichtigen
umfangreicher Text		X	die Erwartungen „enttäuschen“ → Neugier wecken

3 Entscheiden Sie, um welchen Prototyp der Werbung es sich bei dieser Anzeige handelt. Notieren Sie stichwortartig Gründe für Ihre Entscheidung.

Die Anzeige gehört zum Prototyp der ______________________

denn ______________________

4 Analysieren Sie die Anzeige nach der Lasswell-Formel.

Wer	Baumarkt-Kette Hornbach
sagt was	
zu wem	
auf welchem Kanal	
mit welcher Wirkung	

2.3 Dritter Schritt: Die Aufmerksamkeitssteuerung untersuchen

1 Lesen Sie die Anzeige gründlich. Wenden Sie die Ihnen bekannten Markierungsregeln an. Klären Sie mithilfe eines Nachschlagewerks unbekannte Begriffe.

2 Untersuchen Sie die Bestandteile der Anzeige und benennen Sie diese mit den entsprechenden Fachbegriffen. Nutzen Sie dafür die Schreiblinien auf Seite 16.

3 Machen Sie sich klar, wie die Bestandteile angeordnet sind. Überlegen Sie, welche Teile der Anzeige als Blickfang dienen, welche Merkmale sie auszeichnen und wie sie wirken. Übertragen Sie die Tabelle auf ein Blatt und notieren Sie Ihre Beobachtungen.

Tipp

Behalten Sie bei der Analyse immer Ihre Aufzeichnungen zu Frage 1 von Seite 17 (Zweiter Schritt) im Blick, denn die ersten spontanen Eindrücke sind oftmals die entscheidenden. Anhand der Aufzeichnungen können Sie außerdem kontrollieren, ob Sie in Ihrer Analyse alle Aspekte berücksichtigen.

Blickfang	Anzeigenteil	Merkmale	Wirkung
1	Auto	zentrale Platzierung, eingerahmt von anderen Teilen	Verbindungsglied zu Headline und Text, Reifenspuren: dynamisch; dezente Farben → seriös, harmonisch; Ladung: …
2			
3			

4 Untersuchen Sie das Aufbauschema des Textes. Sie können dafür Ihre Vorkenntnisse über Artikel in Printmedien nutzen. Vervollständigen Sie die grafische Darstellung des Textes, indem Sie seine Teile dem Aufbau eines Artikels zuordnen.

Info

Ein weit verbreiteter Aufbau von Artikeln in Printmedien ist der so genannte **Lead-Stil**. Er folgt dem Prinzip der umgekehrten Pyramide: Schlagzeile – Untertitel – Vorspann – Bericht. Manche Presseorgane, z.B. der „Spiegel“, schalten der Schlagzeile eine stichwortartige Angabe des Themas vor.

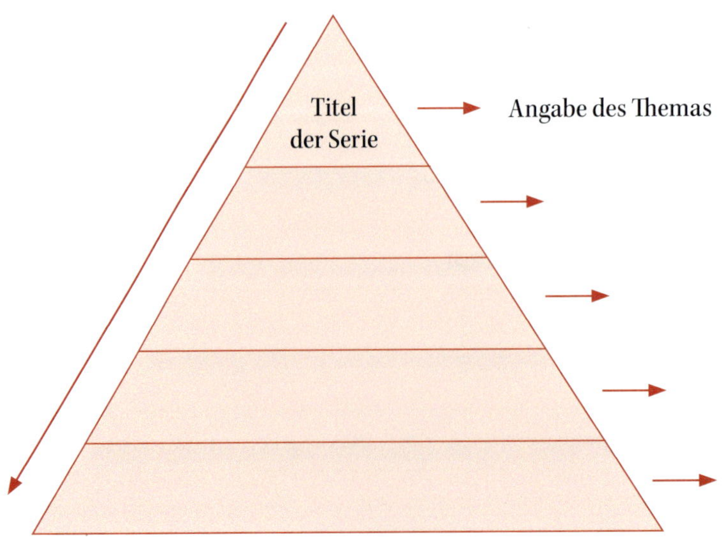

5 Überlegen Sie, welche Wirkung die Gestalter der Anzeige mit dem Aufbau des Textes erreichen wollen.

Intendierte Wirkung: Der Aufbau erweckt den Anschein ______________________
und vermittelt den Eindruck ______________________

6 Untersuchen Sie, mit welchen Reizmitteln die Aufmerksamkeit in folgenden Bestandteilen der Anzeige gesteuert wird.

Headline:	große Schrift →	______________________	Reizmittel
	Widerspruch →	______________________	Reizmittel
Einleitung:	Gegensatz →	______________________	Reizmittel

7 Beurteilen Sie, welche Reizmittel mehrheitlich eingesetzt werden. Setzen Sie Ihre Beobachtungen in Bezug zum Presseorgan, in welchem die Anzeige veröffentlicht wurde.

Info

Das Nachrichtenmagazin wirbt mit dem Slogan „‚Spiegel'-Leser wissen mehr." Im Magazin „Absatzwirtschaft" werden diese Leser wie folgt beschrieben: „Unter den sechs Millionen ‚Spiegel'-Lesern ist die Akademiker-Quote mehr als doppelt so hoch wie im Bundesdurchschnitt. [...] Der typische ‚Spiegel'-Leser ist männlich, berufstätig und hat hohes Interesse an Artikeln zum politischen und wirtschaftlichen Geschehen. Für die Lektüre nimmt er sich zu Hause mindestens eine halbe bis eine Stunde Zeit. [...] Unter den befragten rund 20.000 Bundesbürgern stechen ‚Spiegel'-Leser durch den Wunsch nach klassischen Qualitäts- sowie Servicebedürfnissen und progressiven Leistungswerten wie Effizienz, Innovationsfreude oder Individualisierung hervor."[1]

Es dominieren ______________ und ______________
Reizmittel; ______________________ Reizmittel sind
seltener. Der Betrachter wird eher ______________________ angesprochen.

8 Belegen Sie, wie die Gestalter der Anzeige auf das Persönlichkeitsprofil der Zielgruppe eingehen.

männlich → ______________________
hohes Interesse an ..., nimmt sich Zeit → ______________________
____
klassische Qualitäts- und Servicebedürfnisse → ______________________
____
progressive Leistungswerte → ______________________
Innovationsfreude → ______________________

1 **Quelle:** *http://www.absatzwirtschaft.de/CONTENT/_p=1004040,sst=LADZfEsYQ86obWZw03DrvfZZxoBsQIUDbuYMDSx ZSNY%253d, aufgerufen am 08.02.2011*

9 Machen Sie sich klar, ob bei dieser Werbeanzeige der Text bzw. die Bilder dominieren oder ob ein annähernd gleiches Verhältnis von Text- und Bildinformationen vorliegt. Füllen Sie dafür die Lücken im folgenden Text.

Der Text ______________________ und ist auch ohne ______________________ ______________________. Die Bilder dienen der ______________________ ______________________ Es handelt sich also um ______________________ Werbung.

10 Erarbeiten Sie den inhaltlichen Zusammenhang zwischen den Hauptteilen der Anzeige: Text, Bilder, Kombination Firmenname, Logo, Slogan. Legen Sie eine Folie auf die Vorlage und stellen Sie Verbindungen durch Pfeile dar.

2.4 Vierter Schritt: Die sprachliche Gestaltung der Werbeanzeige analysieren

Tipp Beschränken Sie sich bei der Analyse auf die wichtigen, für Werbeanzeigen typischen und aussagekräftigen Aspekte. Sie können nicht alle Details berücksichtigen. Vermeiden Sie Redundanzen.

1 Überlegen Sie, warum die Gestalter der Anzeige einen ausführlichen Text (long copy) formuliert haben. Rekapitulieren Sie den Info-Kasten auf Seite 19.

Der Text kommt den ______________________ Ansprüchen der ______________________ ______________________ entgegen. Er vermittelt den Eindruck von ______________________ ______________________, auch wenn er evtl. nicht ganz ______________________

2 Ordnen Sie folgende Textstellen den passenden rhetorischen Figuren zu. Skizzieren Sie deren Wirkung.

„längerer … kürzer" (Titel) • „spar ich mir … hol ich doch ratzfatz wieder rein" (Z. 3 ff.) • „Sie sparen sich das Nochmalkommen." (Z. 7 f.) • „Sie sparen sich noch mal das Nochmalkommen." (Z. 27) • „Oder haben Sie auf der Kö schon mal eine MacAllister-Flachdübelfräse gesehen?" (Z. 20 f) • „ETC-PP-Rohr" (Z. 35) • „Dreikant-wie-war-das-nochmal-ich-komm-drauf-Mist-doch-nicht-Dings" (Z. 37 f.) • „Sie sparen sich die Fahrt zum Fachhandel." (Z. 39 f.) • „echtes Profimaterial" (Z. 42 f.) • „Nur logisch" (Z. 48) • „Sie sparen sich die Fahrt in eine Tropical-Fun-Erlebnistherme." (Z. 58 f.)

rhetorische Figur	Textstelle	Wirkung
Anapher, verbunden mit Parallelismus		
Antithese		
Ellipse	„Nur logisch" (Z. 49)	
Ironie		
Oxymoron		
Pleonasmus		
rhetorische Frage		

3 Stellen Sie Beispiele für eine semantische Wertung zusammen und ordnen Sie diese dem werbenden Unternehmen und seinen potenziellen Kunden bzw. Nicht-Kunden zu.

Hornbach und Kunden	andere Baumärkte/Kunden
↓ ____________ wertung Beispiele: ____________	↓ ____________ wertung Beispiele: ____________

4 Welche Sprachebene nutzen die Gestalter der Anzeige, um die Zielgruppe zu erreichen? Kreuzen Sie an und belegen Sie Ihre Entscheidung mit Beweisen aus der Anzeige.

- ☐ 1. Schriftsprache, Fachausdrücke, hoher Informationsgehalt, keine Redundanzen, anspruchsvolle syntaktische Strukturen, Anrede „Sie" → informativ, seriös, anspruchsvoll
- ☐ 2. Umgangssprache, keine Fachbegriffe, geringer Informationsgehalt, vorwiegend schlagwortartige Formulierungen, Anrede „du" → emotional, locker, leicht
- ☐ 3. Mischung aus Umgangssprache und gehobener Sprachebene, Fachbegriffe, parataktische und einfache hypotaktische Strukturen, schlagwortartige Formulierungen, Anrede „Sie" → informativ und unterhaltsam, locker und anspruchsvoll

Sprachebene	
syntaktische Strukturen	
Fachbegriffe	
Anrede	

2.5 Fünfter Schritt: Das Werbekonzept analysieren

Info

Eine Werbekampagne (Copy) ist eine gezielte, bis ins Detail durchdachte Aktion **(Copy-Strategie)**, die nur dann erfolgreich sein kann, wenn sie mit einem schlüssigen Konzept eine zentrale Botschaft so transportiert, dass diese die Zielgruppe erreicht und einen nachhaltigen Effekt hat. Die **Basisbotschaft** enthält eine eindeutige Identifikation des Werbeobjekts (Produkt, Firma, Dienstleistung etc.), in der **Nutzenbotschaft** (unique selling proposition = USP, Alleinstellungsmerkmal) wird das Werbeobjekt als einzigartig dargestellt, die **Nutzenbegründung** (reason why) zielt auf eine Stabilisierung oder Veränderung des Verhaltens (das Werbeobjekt weiterhin zu bevorzugen bzw. zu ihm wechseln) der **Zielgruppe**. Der **Gestaltungsstil** (tonality = Gesamtheit der gestalterischen und inhaltlichen Merkmale) muss auf dieses Ziel abgestimmt werden.

1 Skizzieren Sie kurz die einzelnen Komponenten der Anzeige.

Tipp

Rekapitulieren Sie noch einmal alle Beobachtungen, die Sie bisher gemacht haben, um das komplexe Zusammenspiel aller gestalterischen und inhaltlichen Merkmale im Auge zu behalten.

Basisbotschaft:

↓

Nutzenbotschaft:

↓

Nutzenbegründung:

↓

Zielgruppe:

↓

Gestaltungsstil:

2 Entscheiden Sie, welches Werbekonzept diese Anzeige eher abbildet: Das AIDA- (Attention/Interest/Desire/Action) oder das PPPP-Prinzip (Picture/Promise/Prove/Push). Entwerfen Sie auf einem gesonderten Blatt ein Flussdiagramm, in welchem Sie die einzelnen Stufen des Konzepts an Teilen der Anzeige verdeutlichen.

Info

Kaum eine Anzeige entspricht ganz genau einem der **Werbekonzepte**. Zudem bilden beide Konzepte ein verkürztes Modell ab. Trotzdem liefert die Erkenntnis, welchem Prinzip eine Anzeige am ehesten entspricht, wichtige Hinweise auf die Werbestrategie.

Tipp

Entscheidende Hinweise auf das Werbekonzept erhalten Sie, wenn Sie Schlüsselfragen beantworten: Wie wird der Betrachter „in die Anzeige hineingezogen"? Welche Funktion hat das zentrale Bild? Werden dem potenziellen Kunden konkrete Versprechen gemacht? Wird er direkt zu einer Handlung aufgefordert oder bleibt ihm eine „Scheinfreiheit" bei seiner Konsumentscheidung?

2.6 Sechster Schritt: Den Schreibplan erstellen

Info

Die Analyse einer Werbeanzeige folgt der klassischen Dreiteilung eines Aufsatzes: Einleitung – Hauptteil – Schluss. In der **Einleitung** werden die Kontextinformationen zusammengefasst. Der **Hauptteil** enthält die eigentliche Analyse: Gesamteindruck ⟶ Bild/Headline ⟶ Body Copy ⟶ Slogan/Logo ⟶ Zusatzinformationen. Der **Schluss** kann eine kurze Zusammenfassung enthalten. Darüber hinaus wird die Anzeige hinsichtlich ihrer überzeugenden Gestaltung, ihrer Wirkung und ihres mutmaßlichen Erfolgs bei der Zielgruppe beurteilt.

Tipp

Folgen Sie bei Ihrer Analyse – ausgehend vom Gesamteindruck – der in der Anzeige angelegten Blickrichtung. Analysieren Sie die Elemente, indem Sie sie beschreiben und anschließend erläutern, mit welcher Absicht und Wirkung sie so gestaltet wurden. Einen „roten Faden" erhält Ihr Aufsatz, wenn Sie ihn nach dem **Reißverschlussprinzip** aufbauen: Headline (Beschreibung und Funktion) ⟶ Bild (Beschreibung und Funktion) ⟶ Zusammenhang von Headline und Bild ⟶ Fließtext (Beschreibung und Funktion) ⟶ Zusammenhang von Headline, Bild und Fließtext usw.

1 Formulieren Sie kurz Ihre Gedanken für den Schlussteil. Beginnen Sie z. B. so: *Zusammenfassend lässt sich feststellen, dass ...*

2 Verfassen Sie auf der Grundlage Ihrer Vorbereitungen den Aufsatz.

Tipp

Achten Sie darauf, dass Sie alle Aussagen an Elementen der Anzeige belegen. Sie müssen nicht immer alle Elemente zitieren, oft genügt der Hinweis, dass ein Aspekt mehrfach zu beobachten ist. Lediglich bei Elementen, deren Wiederholung von Bedeutung ist, werden alle Stellen erwähnt.

2.7 Siebter Schritt: Den eigenen Text überarbeiten und den Arbeitsprozess auswerten

1 Prüfen und überarbeiten Sie Ihre Analyse anhand folgender Fragen.

Checkliste

- Enthält meine Einleitung die Kontextinformationen?
- Werden im Hauptteil folgende Elemente berücksichtigt:
  - Gesamtaufbau der Werbeanzeige?
  - alle wichtigen Bestandteile der Anzeige?
  - Merkmale, Wirkung und Zusammenspiel der Einzelelemente?
  - die grafischen und bildlichen Darstellungsmittel?
  - die Merkmale der Sprache?
  - die Umsetzung der Copy-Strategie?
  - einen stringenten Aufbau meiner Ausführungen?
- Gebe ich am Schluss eine begründete Bewertung ab?
- Habe ich den Aufsatz abwechslungsreich formuliert?
- Habe ich die Regeln (Orthografie, Zeichensetzung, Grammatik) korrekt umgesetzt?

Tipp

Die Analyse einer Anzeige erfordert häufig Angaben zur Platzierung der Einzelelemente. Sie können Ihre Beobachtungen sprachlich abwechslungsreich gestalten, indem Sie Wendungen benutzen wie:

ist angeordnet • ist sichtbar/erkennbar • sieht/erblickt/erkennt man • ist platziert • wird ausgefüllt von • ragt in den Textteil hinein • fällt auf • fällt/springt/sticht ins Auge • ist hervorgehoben • sticht hervor • tritt zurück hinter • dominiert • findet/befindet sich • erscheint • nimmt man wahr • ist abgedruckt/abgebildet • im Vordergrund steht • wird gezeigt • enthält • ist/wird dargestellt • der Blick wird gelenkt auf • weist auf • wird eingerahmt/abgegrenzt von

2 Überdenken Sie nach der Klausur den Arbeitsprozess, indem Sie die Arbeitsschritte noch einmal durchgehen und mit der zeitlichen Planung abgleichen.

3 Machen Sie sich Notizen, welche Aspekte Sie bei einer weiteren Klausur besonders beachten wollen.

3 Untersuchendes Erschließen pragmatischer Texte
Analyse einer Rede

Aufgabenbeispiel

1. Analysieren Sie Christa Wolfs Rede unter besonderer Berücksichtigung ihrer rhetorischen Gestaltung.
2. Setzen Sie sich kritisch mit zentralen Aussagen des Textes auseinander.

Textgrundlage

Christa Wolf (geb. 1929)

Rede auf dem Alexanderplatz (4. November 1989)

Christa Wolf auf dem Alexanderplatz am 4. Novermber 1989

Jede revolutionäre Bewegung befreit auch die Sprache. Was bisher so schwer auszusprechen war, geht uns auf einmal frei über die Lippen. Wir staunen, was wir offenbar schon lange gedacht haben und was wir uns jetzt laut zurufen: Demokratie – jetzt oder nie! Und wir meinen Volksherrschaft, und wir erinnern uns der steckengebliebenen oder blutig niedergeschlagenen Ansätze in unserer Geschichte und wollen die Chance, die in dieser Krise steckt, da sie alle unsere produktiven Kräfte weckt, nicht wieder verschlafen; aber wir wollen sie auch nicht vertun durch Unbesonnenheit oder die Umkehrung von Feindbildern.

Mit dem Wort „Wende" habe ich meine Schwierigkeiten. Ich sehe da ein Segelboot, der Kapitän ruft: „Klar zur Wende! ", weil der Wind sich gedreht hat, und die Mannschaft duckt sich, wenn der Segelbaum über das Boot fegt. Stimmt dieses Bild? Stimmt es noch in dieser täglich vorwärtstreibenden Lage?

Ich würde von „revolutionärer Erneuerung" sprechen. Revolutionen gehen von unten aus. „Unten" und „oben" wechseln ihre Plätze in dem Wertesystem, und dieser Wechsel stellt die sozialistische Gesellschaft vom Kopf auf die Füße. Große soziale Bewegungen kommen in Gang, soviel wie in diesen Wochen ist in unserem Land noch nie geredet worden, miteinander geredet worden, noch nie mit dieser Leidenschaft, mit soviel Zorn und Trauer und mit soviel Hoffnung. Wir wollen jeden Tag nutzen, wir schlafen nicht oder wenig, wir befreunden uns mit neuen Menschen, und wir zerstreiten uns schmerzhaft mit anderen. Das nennt sich nun „Dialog", wir haben ihn gefordert, nun können wir das Wort fast nicht mehr hören und haben doch noch nicht wirklich gelernt, was es ausdrücken will.

Mißtrauisch starren wir auf manche plötzlich ausgestreckte Hand, in manches vorher so starre Gesicht: „Mißtrauen ist gut, Kontrolle noch besser" – wir drehen alte Losungen um, die uns gedrückt und verletzt haben, und geben sie postwendend zurück. Wir fürchten, benutzt zu werden. Und wir fürchten, ein ehrlich gemeintes Angebot auszuschlagen. In diesem Zwiespalt befindet sich nun das ganze Land. Wir wissen, wir müssen die Kunst üben, den Zwiespalt nicht in Konfrontation ausarten zu lassen: Diese Wochen, diese Möglichkeiten werden uns nur einmal gegeben – durch uns selbst.

Verblüfft beobachten wir die Wendigen, im Volksmund „Wendehälse" genannt, die, laut Lexikon, sich „rasch und leicht einer gegebenen Situation anpassen, sich in ihr geschickt bewegen, sie zu nutzen verstehen". *Sie* am meisten blockieren die Glaubwürdigkeit der neuen Politik. Soweit sind wir wohl noch nicht, daß wir sie mit Humor nehmen können – was uns doch in anderen Fällen schon gelingt. „Trittbrettfahrer – zurücktreten!“ lese ich auf Transparenten. Und, an die Polizei gerichtet, von Demonstranten der Ruf. „Zieht euch um und schließt euch an!“ – ein großzügiges Angebot. Ökonomisch denken wir auch: „Rechtssicherheit spart Staatssicherheit!“ Und wir sind sogar zu existentiellen Verzichten bereit: „Bürger, stell die Glotze ab, setz dich jetzt mit uns in Trab!“ Ja: Die Sprache springt aus dem Ämter- und Zeitungsdeutsch heraus, in das sie eingewickelt war, und erinnert sich ihrer Gefühlswörter. Eines davon ist „Traum“. Also träumen wir mit hellwacher Vernunft.

Stell dir vor, es ist Sozialismus, und keiner geht weg[1]! Sehen aber die Bilder der immer noch Weggehenden, fragen uns: Was tun?[2] Und hören als Echo die Antwort: Was tun! Das fängt jetzt an, wenn aus den Forderungen Rechte, also Pflichten werden: Untersuchungskommission, Verfassungsgericht, Verwaltungsreform. Viel zu tun, und alles neben der Arbeit. Und dazu noch Zeitung lesen!

Zu Huldigungsvorbeizügen, verordneten Manifestationen werden wir keine Zeit mehr haben. Dieses ist eine Demo, genehmigt, gewaltlos. Wenn sie so bleibt, bis zum Schluß, wissen wir wieder mehr über das, was wir können, und darauf bestehen wir dann:

Vorschlag für den Ersten Mai:

Die Führung zieht am Volk vorbei.[3]

Unglaubliche Wandlungen. Das „Staatsvolk der DDR“ geht auf die Straße, um sich als Volk zu erkennen. Und dies ist für mich der wichtigste Satz dieser letzten Wochen – der tausendfache Ruf:

Wir – sind – das – Volk!

Eine schlichte Feststellung. Die wollen wir nicht vergessen. [R]

3.1 Erster Schritt: Die Aufgabenstellung verstehen

1 Erläutern Sie kurz, was mit den folgenden Begriffen in der Aufgabenstellung (▶ Seite 24) gemeint ist:

a analysieren:

____

____

b rhetorische Gestaltung:

____

____

c besondere Berücksichtigung:

____

____

d sich kritisch mit Textaussagen auseinandersetzen:

____

____

2 Kreuzen Sie an, worauf Ihr Bearbeitungsschwerpunkt liegen sollte.

☐ Auf dem Analyseauftrag (1. Aufgabenteil) ☐ Auf der Stellungnahme zur These (2. Aufgabenteil)

1 **Stell dir vor, es ist Sozialismus, und keiner geht weg!:** *Zugrunde liegt ein auf den amerikanischen Dichter C.A.Sandburg (1878–1967) zurückgehendes Zitat, das durch die Friedensbewegung ein weit verbreiteter Slogan wurde: „Stell dir vor, es ist Krieg und keiner geht hin!“*

2 **Was tun?:** *Bezieht sich auf die Schrift Lenins „Was tun?“ (1902)*

3 *Zu den Ritualen am 1. Mai als „Internationaler Kampf- und Feiertag der Werktätigen für Frieden und Sozialismus“ gehörte in der DDR der Vorbeimarsch von Betrieben und Schulen an der Tribüne mit führenden Parteimitgliedern und anderen Ehrengästen.*

3.2 Zweiter Schritt: Einen Zugang zum Text finden – Das Thema und die Redesituation erfassen

1 **a** Lesen Sie den Text aktiv (Seite 60, ▶ Tipp). Markieren Sie erste Auffälligkeiten und setzen Sie Fragezeichen an Textstellen, die Ihnen nicht sofort verständlich sind.

b Klären Sie Ihre Fragen, indem Sie
- sprachliche Probleme beseitigen, z.B. durch Nachlesen der Fußnoten oder durch die Auflösung komplexer Sätze in kleinere Sinneinheiten;
- inhaltliche Probleme beseitigen, dadurch dass Sie geschichtliches oder biografisches Hintergrundwissen recherchieren, z.B. zu „Sozialismus", „Wende", „Christa Wolf".

2 Notieren Sie mit vorläufigen Stichwörtern, womit sich Christa Wolf in ihrer Rede befasst.

3 **a** Informieren Sie sich mithilfe des folgenden Textes über die Redesituation. Exzerpieren Sie wichtige Informationen anhand der vorgegebenen Begriffe links in der Tabelle.

b Klären Sie die Relevanz der gesammelten Informationen in der zweiten Spalte der Tabelle.

Lily Tonger-Erk, Martina Wagner-Egelhaaf

Historischer Ort der Rede

Am 9. November 1989 wird nach fast drei Jahrzehnten die Mauer in Berlin geöffnet. Vorausgegangen sind diesem für die deutsche Nachkriegsgeschichte so zentralen Ereignis die Flucht zahlreicher Menschen aus der DDR über Ungarn und die Tschechoslowakei in den Westen und Massenproteste der DDR-Bevölkerung. Künstlerorganisationen der DDR rufen für den 4. November 1989 zu einer genehmigten Demonstration in Ostberlin auf. 500.000 bis eine Million Menschen folgen dem Aufruf. Bei einer mehrstündigen Kundgebung auf dem Alexanderplatz werden Presse-, Meinungs- und Versammlungsfreiheit sowie freie Wahlen gefordert. Viele Intellektuelle und Politiker ergreifen das Wort [...] Nicht um die Abschaffung der DDR geht es, sondern um grundlegende Reformen. Die Redesituation ist paradigmatisch: eine politische Rede vor aufgeregten Massen.

Anlass der Rede	Wie greift die Rednerin diesen Anlass auf?
Ort der Rede	**Welche Bedeutung hat der Ort?**
Publikum	**Wie stellt die Rednerin sich darauf ein?**

4 Formulieren Sie nun mithilfe Ihrer ersten Stichwörter und den zusätzlichen Informationen das Thema des Textes in einem möglichst prägnanten Satz:

3.3 Dritter Schritt: Den Inhalt und den Argumentationsaufbau untersuchen

1 **a** Untersuchen Sie genau, wie sich die Rednerin im Laufe ihrer Rede mit der Ausgangsthese: „Jede revolutionäre Bewegung befreit auch die Sprache“ auseinandersetzt. Benennen Sie dazu die Textstellen, die zu den folgenden Stichwörtern passen, und erläutern Sie diese mit eigenen Worten.

Erläuterung von Begriffen aus der aktuellen gesellschaftlichen Situation:

Beschreibung von kommunikativen Prozessen:

Beobachtungen zum Umgang mit bekannten und neuen Slogans:

b Fassen Sie zusammen: Worin zeigt sich für Christa Wolf in der aktuellen Situation die Befreiung der Sprache?

2 Klären sie die argumentativen Gedankengänge der Rede, indem Sie die folgenden Thesen jeweils um ein oder mehrere Argumente aus dem Text vervollständigen.

Christa Wolf zieht den Begriff der „revolutionären Erneuerung" dem der Wende vor, weil ______

______

______

Für die Rednerin gibt es in der aktuellen Situation sowohl Hoffnungen als auch Befürchtungen, denn einerseits

______

______

______

Andererseits ______

______

______

______

Christa Wolf hält zum damaligen Zeitpunkt eine grundlegende Änderung der gesellschaftlichen Ordnung innerhalb der DDR noch für möglich, wenn ______

______

______

______

______

3.4 Vierter Schritt: Rhetorische Strategien und sprachliche Mittel untersuchen – Die Redeabsicht klären

1 **a** Überprüfen Sie anhand des Redetetxes, welche der folgenden Redestrategien die Rednerin verwendet. Kreuzen Sie an.

kämpferische Strategien

- ☐ 1. Aufwertung der Wir-Gruppe
- ☐ 2. Abwertung der Gegner
- ☐ 3. Polarisierung durch Freund und Feindbilder
- ☐ 4. Verdächtigung
- ☐ 5. Beschwichtigung
- ☐ 6. Desinformation
- ☐ 7. Verharmlosung
- ☐ 8. Emotionalisierung
- ☐ 9. Diffamierung
- ☐ 10. Umdeutung, Verzerrung anderer Positionen
- ☐ 11. Drohung, Kampfansage
- ☐ 12. Sündenbock-Methode, Schuldzuweisung

offene Strategien

- ☐ 1. Information
- ☐ 2. Kritik und Selbstkritik
- ☐ 3. Offenlegung der Ziele
- ☐ 4. Offenlegung von Maßstäben
- ☐ 5. rationale Argumentation
- ☐ 6. Beruhigung
- ☐ 7. Lob, Ermutigung
- ☐ 8. Rat
- ☐ 9. Dank
- ☐ 10. Brückenbauen, Konsensfindung
- ☐ 11. Angebot, Vermittlung
- ☐ 12. Mahnung

b Ordnen Sie die angekreuzten Redestrategien konkreten Textstellen zu. Arbeiten Sie dazu mit Markierungen und Randbegriffen auf Seite 24 f.

c Schreiben Sie einen kurzen Text zu den Redestrategien von Christa Wolf, in dem Sie
- diese Strategien benennen und belegen,
- sie in einen Zusammenhang bringen und
- sie mit Blick auf die Redesituation erläutern.

2 **a** Ordnen Sie die Zitate aus der Rede den sprachlichen Mitteln zu.

- ☐ 1. **Anapher**: Wiederholung eines Wortes oder einer Wortgruppe am Anfang aufeinanderfolgender Sätze
- ☐ 2. **Ellipse**: unvollständiger Satz
- ☐ 3. **Inversion**: Umkehrung der geläufigen Wortstellung im Satz
- ☐ 4. **Metapher**: bildlicher Ausdruck, Bedeutungsübertragung
- ☐ 5. **Paradoxon**: Scheinwiderspruch
- ☐ 6. **Parallelismus**: Folge von mehreren Sätzen oder Satzgliedern, die gleich gebaut sind

a) „[…] dieser Wechsel stellt die sozialistische Gesellschaft vom Kopf auf die Füße." (Z. 23 f.)

b) „Wir wollen jeden Tag nutzen, wir schlafen nicht oder wenig, wir befreunden uns mit neuen Menschen, und wir zerstreiten uns schmerzhaft mit anderen." (Z. 26 ff.).

c) „[…] auf manche plötzlich ausgestreckte Hand, in manches vorher so starre Gesicht: […]" (Z. 30 f.)

d) „Also träumen wir mit hellwacher Vernunft." (Z. 45 f.)

e) „Viel zu tun, und alles neben der Arbeit." (Z. 49)

f) „Zu Huldigungsvorbeizügen, verordneten Manifestationen werden wir keine Zeit mehr haben." (Z. 50)

b Finden Sie weitere Beispiele für diese Mittel im Text? Legen Sie eine Sammlung an.

c Ergänzen Sie Ihre Sammlung ggf. um weitere rhetorische Mittel, die Ihnen in der Rede aufgefallen sind.

d Beschreiben Sie die Wirkung, die der Einsatz der sprachlichen Mittel jeweils hat. Belegen Sie am Text. Folgende Begriffe können Ihnen dabei helfen:

Nachdruck · Anschaulichkeit · Betonung · Aufmerksamkeit · Adressateneinbezug · Eindringlichkeit · Verdeutlichung · Emotionalisierung

3 **a** An welchen Stellen enthält die Rede direkte oder indirekte Appelle? Führen Sie die Textstellen an und formulieren Sie die dort geäußerten Aufforderungen mit eigenen Worten.

b Fassen Sie die Redeabsicht Christa Wolfs in wenigen prägnanten Sätzen zusammen.

4 Mit den Aufgaben der Schritte 3.2 bis 3.4 haben Sie nun genügend Vorarbeiten geleistet, um die Analyse der Rede (Teil 1 des Aufgabenbeispiels) als Ganzes ausformulieren zu können.

Tipp

Überprüfen Sie Ihren Analyseaufsatz hinsichtlich folgender Fehler:
- sachliche Fehler: Im Aufsatz werden Textaussagen oder Fakten falsch wiedergegeben.
- Paraphrase statt Analyse: Textaussagen werden – sehr nahe an den Textformulierungen – nur wiedergegeben, nicht kommentiert und interpretiert.
- mangelnde Stringenz: Die Gedankenführung im Aufsatz ist sprunghaft.
- mangelnde Kohärenz: Aussagen sind sprachlich unzureichend miteinander verknüpft.

3.5 Fünfter Schritt: Kritisch Stellung nehmen – Zentrale Aussagen erörtern

1 Sammeln Sie eigene Ideen zur Eingangsthese der Rede: „Jede revolutionäre Bewegung befreit auch die Sprache." Überlegen Sie dafür: Welche anderen revolutionären Bewegungen fallen Ihnen ein? Was wissen oder denken Sie über den Gebrauch und die Veränderungen von Sprache in diesen geschichtlichen bzw. gesellschaftlichen Zusammenhängen?

2 **a** Schreiben Sie weitere Aussagen aus dem Redetext heraus, die im Sinne der Aufgabenstellung zur Auseinandersetzung reizen.
b Überlegen Sie sich Fragen, die sich aus diesen Aussagen ergeben.
c Notieren Sie stichwortartig mögliche Antworten zu diesen Fragen.

Aussage/Zitat aus dem Text	sich daraus ergebende Fragen	mögliche Antworten

3 Formulieren Sie Ihre tabellarische Sammlung und Ihre Überlegungen zu A.1 zu einer kritischen Stellungnahme aus.

Checkliste

Überprüfen Sie Ihre kritische Stellungnahme hinsichtlich folgender Fehler:
- zu wenig sachliche Substanz: Beschränken Sie sich in Ihrer Stellungnahme nicht auf diffuse Ansichten, sondern bringen Sie Ihr Wissen und Fakten mit ein.
- mangelnde Stringenz: Bringen Sie Ihre Überlegungen in eine schlüssige Gedankenfolge.
- Redundanz: Vermeiden Sie Wiederholungen gleicher Gedanken oder Argumente.
- unangemessener Stil: Bemühen Sie sich um eine sachliche und prägnante Ausdrucksweise, vermeiden Sie Umgangssprache.

3.6 Sechster Schritt: Den Aufsatz überarbeiten und den Arbeitsprozess auswerten

1 Bei der Untersuchung der rhetorischen Mittel fällt es häufig schwer, deren Benennung und Beschreibung sprachlich angemessen mit ihrer Funktion und Wirkung zu verknüpfen.

a Erläutern Sie, warum die beiden folgenden Beispielsätze diesbezüglich nicht gelungen sind.

In Z. 26 ff. sind die Sätze eine Anapher, d. h., die Rednerin sagt immer „wir" und verbindet sich damit mit dem Publikum.

Der Schluss ist eine Feststellung und ein Appell: Wir sind das Volk und sollen das nicht vergessen.

b Geben Sie dem Gemeinten einen besseren sprachlichen Ausdruck.

c Überarbeiten Sie bei Bedarf in vergleichbarer Weise auch noch einmal Ihre eigenen Aussagen zu den sprachlichen Mitteln der Rede und ihren Funktionen.

2 Überarbeiten Sie Ihre Redeanalyse insgesamt mithilfe der folgenden Checkliste.

Checkliste

- Habe ich die Redesituation in der Einleitung dargelegt und in der Analyse hinreichend berücksichtigt?
- Habe ich das Thema und die Position der Rednerin dazu präzise benannt?
- Habe ich wichtige Inhalte der Rede strukturiert wiedergegeben?
- Ist es mir gelungen, den Argumentationsaufbau und die Redeabsicht herauszuarbeiten?
- Bin ich auf die verwendeten Redestrategien eingegangen?
- Habe ich rhetorische Mittel nicht nur erkannt und benannt, sondern auch in ihrer Funktion und Wirkung erläutert?
- Habe ich die diskussionswürdigen Aussagen des Textes erkannt und meine eigene Meinung dazu verständlich formuliert?
- Habe ich meine Ansichten mit Argumenten, Belegen und Beispielen stützen können?

3 Überdenken Sie nach der Klausur den Arbeitsprozess, indem Sie die Arbeitsschritte noch einmal durchgehen und mit der zeitlichen Planung abgleichen.

4 Machen Sie sich Notizen, welche Aspekte Sie bei einer weiteren Klausur besonders beachten wollen.

4 Erörterndes Schreiben
Lineare und dialektische Erörterung

Aufgabenbeispiel

Der amerikanische Wissenschaftspublizist Nicholas Carr (geb. 1959) schreibt in einem 2010 erschienenen Buch: „Der Streit ist bei jedem neuen Informationsmedium mehr oder weniger derselbe [...]. Das Internet ist das jüngste Medium, das diese Debatte anheizt. Der Kampf zwischen Netz-Enthusiasten und Netz-Skeptikern ist so polarisierend wie eh und je. [...] Die Befürworter verkünden ein neues Goldenes Zeitalter [...], wohingegen die Zweifler über ein dunkles Zeitalter [...] klagen."[1]
Arbeiten Sie argumentativ die im Zitat angeführten Positionen aus und nehmen Sie kritisch Stellung.

4.1 Erster Schritt: Die Aufgabenstellung verstehen

1 Entscheiden Sie, welche Art der Erörterung die folgenden Themen verlangen, indem Sie Fragen aus der Aufgabenstellung ableiten.

Info

Die Art der Bearbeitung eines freien Themas ist nicht immer an der Aufgabenstellung deutlich zu erkennen, z. B. durch eine Frage. Mitunter müssen die Fragen aus der Themenstellung entwickelt werden. Entscheidend für die Art der Erörterung ist die Aufgabenstellung. Die **lineare Erörterung** antwortet auf eine **Ergänzungsfrage** oder lässt sich auf eine Ergänzungsfrage zurückführen („Warum ist eine gute Ausbildung in der heutigen Situation so wichtig?"). Der Sachverhalt ist unstrittig und wird mit Argumenten belegt. Die **dialektische Erörterung** antwortet auf eine **Entscheidungsfrage** oder lässt sich auf eine Entscheidungsfrage zurückführen („Sollten Kinder schon im Kindergarten den Umgang mit Computern erlernen?"). Der Sachverhalt ist strittig, unterschiedliche Standpunkte werden als Grundlage für die Antwort argumentativ dargelegt.

Aufgabenstellung	Fragestellung	linear	dialektisch
1. „Tätigkeit ist, was den Menschen glücklich macht." Begründen Sie dieses Zitat Goethes.			
2. „Tätigkeit ist, was den Menschen glücklich macht." Beurteilen Sie das Zitat Goethes vor dem Hintergrund unserer Zeit.			
3. „Wir riskieren, die [...] Kinder [...] auf Dauer mit seelischem Extremismus zu programmieren, wenn wir nicht bald eine Debatte über [...] Inhalte im Internet beginnen."[2] (Frank Schirrmacher, 2009) Zeigen Sie Wege auf, wie unsere Gesellschaft der von Schirrmacher beschriebenen Gefahr begegnen kann.			

1 **Nicholas Carr:** *Wer bin ich, wenn ich online bin ... und was macht mein Gehirn solange?, München 2010, S. 16 f.*
2 **Frank Schirrmacher:** *http://www.sueddeutsche.de/kultur/frank-schirrmacher-payback-die-ich-erschoepfung-1.131885, aufgerufen am 26.01.2011*

4. (Zitat vgl. Nr. 3.) Setzen Sie sich kritisch mit der Aussage Schirrmachers auseinander und nehmen Sie Stellung.			
5. Der Journalist Andrian Kreye (geb. 1962) veröffentlicht in der Online-Ausgabe der „Süddeutschen Zeitung“ vom 18.11.2009 einen Artikel mit dem Titel „Das erschöpfte Ich“. Er beschreibt unter anderem ein „Gefühl der digitalen Überforderung [...], das sich nicht nur in Deutschland, sondern in allen digitalisierten Ländern breitmacht“.[3] Entwickeln Sie eine Argumentation, mit der Sie die Aussage Kreyes stützen.			

2 Formulieren Sie eine passende Fragestellung für das Ausgangsthema (▶ Seite 32) und legen Sie die Art der Erörterung fest.

Die Themenstellung antwortet auf eine ______________________________-frage, die folgendermaßen lauten kann: ______________________________

______________________________. Die Aufgabe muss daher in Form einer ____________________ Erörterung bearbeitet werden.

3 Überlegen Sie, was in der Aufgabenstellung von Ihnen erwartet wird. Kreuzen Sie an (Mehrfachnennung möglich).

Die Aufgabenstellung fordert von mir, dass ich

1. eine Aussage
   - ☐ a) auf die Biografie des Verfassers beziehe
   - ☐ b) interpretiere
   - ☐ c) paraphrasiere
2. Argumente
   - ☐ a) überzeugend formuliere
   - ☐ b) bewerte
   - ☐ c) aus einem Text erarbeite
3. einen Gedankengang
   - ☐ a) nachvollziehe
   - ☐ b) logisch aufbaue
   - ☐ c) beurteile
4. eine Entscheidung
   - ☐ a) formuliere
   - ☐ b) bewerte
   - ☐ c) paraphrasierend wiedergebe

4 Überlegen Sie, worum es bei der Aufgabenstellung inhaltlich geht.

a Welche Positionen gegenüber dem Internet werden im Zitat angedeutet? Belegen Sie Ihre Aussagen mit Textstellen.

1. ______________________________

2. ______________________________

b Welche Einstellungen zum Internet deutet Carr mit den Begriffen „Netz-Enthusiasten“ und „Netz-Skeptiker“ an? Charakterisieren Sie diese knapp mit eigenen Worten.

____

____

3 **Andrian Kreye:** *Das erschöpfte Ich. Aus: http://www.sueddeutsche.de/kultur/frank-schirrmacher-payback-die-ich-erschoepfung-1.131885, aufgerufen am 26.01.2011*

c Welche antithetischen Positionen ergeben sich aus dem Zitat für Ihre Aufgabenstellung? Formulieren Sie diese mit eigenen Worten auf einem gesonderten Blatt.

Info

Nähern Sie sich Ihrem Thema mit Erschließungsfragen. Die Anzahl der **Erschließungsfragen** ist für jedes Thema unterschiedlich, i. d. R. können mit zwei bis drei Fragen die wichtigen Aspekte des Themas konkretisiert und präzisiert werden. **Schlüsselbegriffe** deuten auf die entscheidenden Fragen hin. Die Fragen dienen außerdem der Kontrolle, ob die Ausführungen im Aufsatz den Bezug zur Themenstellung halten.

4.2 Zweiter Schritt: Eine eigene Position entwickeln

1 Notieren Sie stichwortartig auf einem gesonderten Blatt alle Gedanken, die Ihnen zum Thema einfallen. Aktivieren Sie dabei die ganze Fülle Ihres Wissens und Ihrer Erfahrungen.

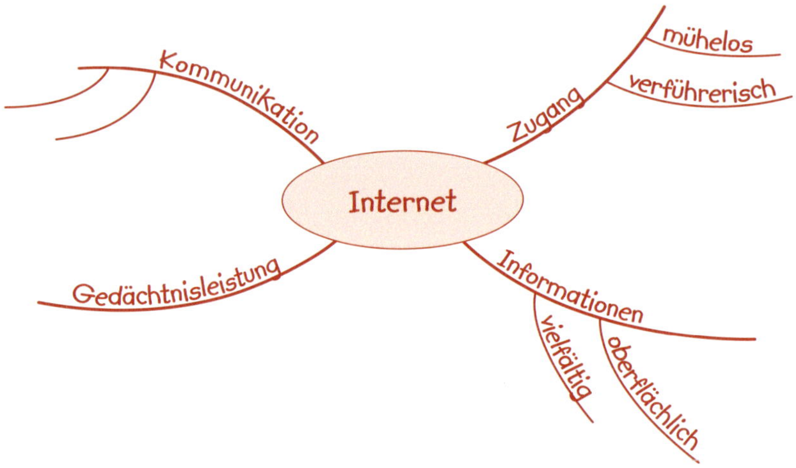

2 Ordnen Sie die gesammelten Gedanken nach Oberbegriffen, Unterpunkten und Beispielen. Legen Sie auf einem gesonderten Blatt eine Tabelle nach folgendem Muster an, in der Sie die Gedanken pro und kontra ordnen. Lassen Sie die Spalte „Gliederungspunkt" zunächst frei. Vergewissern Sie sich bei jedem Unterpunkt, ob Ihre Ideen zum Thema passen.

Info

Es gibt eine Anzahl von **Betrachtungsweisen**, von denen sich **Begründungen** ableiten lassen. Je nach Aufgabenstellung bieten sich Argumente an, die z. B. berufliche, familiäre, finanzielle, gesellschaftliche, juristische, medizinische, moralische, ökologische, persönliche, politische, religiöse, technische, wirtschaftliche Aspekte eines Themas beleuchten.
Je nach Thema eignen sich als **Oberbegriffe** auch **Begriffsreihen** wie: früher – heute – zukünftig • physisch – psychisch – geistig • Erscheinungsformen – Ursachen – Wirkung - Folgen etc.

Oberbegriffe	Unterpunkte	Beispiele	pro	kontra	Gliederungspunkt
gesellschaftlich	Demokratisierung durch frei verfügbares Wissen	Wikipedia statt teure Enzyklopädien	X		
	seelische Schäden durch Zugang zu ungeeigneten Foren	pornografische/gewaltverherrlichende Inhalte		X	
beruflich					

3 Überprüfen Sie Ihre Stoffsammlung und entscheiden Sie, für welche der beiden in der Aufgabenstellung formulierten Aussagen zum Internet Sie die überzeugendsten Gedanken zusammengestellt haben.

Info

Von der Aufgabenstellung und der Entscheidung hängt es ab, ob eine klare Positionierung pro oder kontra nötig/möglich ist. In der kritischen Stellungnahme können Sie auch Einschränkungen/Bedingungen formulieren, unter denen Sie bestimmten Aussagen/Regelungen zustimmen.

4 Machen Sie sich klar, wie Sie Ihren Aufsatz gliedern wollen.

Bei einer **linearen Erörterung** reihen Sie die Argumente für Ihre Position aneinander, sodass sich eine Steigerung ergibt, d. h., das stichhaltigste Argument steht am Ende der Argumentationskette, bevor Sie das Fazit ziehen. Bei einer **dialektischen Erörterung** können Sie die Argumente **im Block** (Sanduhr-Prinzip) oder **im Wechsel** (Pingpong-Prinzip) anordnen.

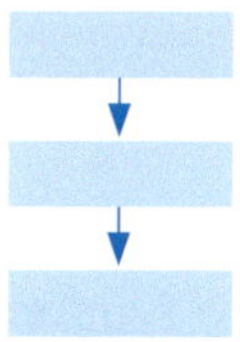

Der Aufbau nach dem Sanduhr-Prinzip enthält die Unterpunkte in folgender Reihenfolge: Zunächst wird die Gegenposition entwickelt, beginnend mit dem wichtigsten Gedanken hin zu dem Punkt mit dem geringsten Gewicht. An diesen schließt der am wenigsten gewichtige Unterpunkt für die eigene Position an, die dann bis zum stärksten Argument entwickelt wird. Dieser Aufbau gelingt leichter, ist aber weniger lebhaft als ein Aufbau im Pingpong-Prinzip.

Das Pingpong-Prinzip ahmt im Wechsel passender Pro- und Kontra-Argumente eine Diskussion nach und ist daher lebhafter, allerdings von der Gestaltung her auch anspruchsvoller.

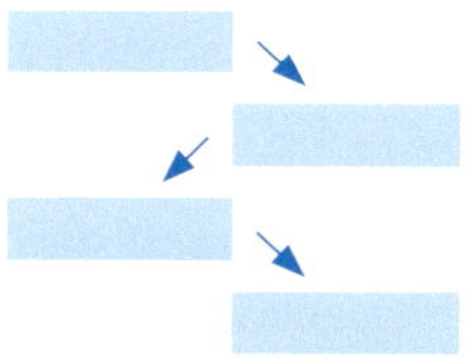

a Beantworten Sie dafür folgende Fragen und überlegen Sie, welche Konsequenzen Ihre Antwort hat.

Frage	Konsequenz
Für welche Position habe ich mich entschieden?	
Wie will ich die Argumente anordnen?	

b Ordnen Sie passend zu dem gewählten Aufbau Ihre Unterpunkte. Nutzen Sie dazu die Spalte „Gliederungspunkt“ in Ihren Tabellen zur Stoffsammlung (▶ Seite 34, **2**).

Info

Die Reihenfolge der Unterpunkte kann nach verschiedenen Gesichtspunkten festgelegt werden, z. B.:
- vom weniger Wichtigen zum sehr Wichtigen
- vom Besonderen (Persönlichen) zum Allgemeinen
- vom Unbekannten zum Bekannten
- vom Einzelnen zum Ganzen

4.3 Dritter Schritt: Eine Gliederung erstellen

1 Erstellen Sie die Gliederung zunächst für den Hauptteil. Übernehmen Sie dafür die Unterpunkte in der geplanten Reihenfolge auf ein gesondertes Blatt. Achten Sie auf eine einheitliche und schlüssige Nummerierung. Lassen Sie Platz für die stichwortartige Formulierung der Gedanken für Einleitung, Entscheidung, Schluss.

Tipp

Benutzen Sie für die Gliederung nominale Wendungen, denn sie vermitteln den Inhalt kompakter und übersichtlicher als verbale Formulierungen, z. B.:

1.1 Seelische Belastung von Kindern und Jugendlichen
(statt: Kinder und Jugendliche werden seelisch belastet ...)

1.2 Druck in Peergroups durch „angesagte" Foren
(statt: Kinder und Jugendliche stehen in Peergroups unter dem Druck, „angesagte" Foren zu besuchen.)

1.3 ...

2 Das Nachrichtenmagazin „Der Spiegel" leitet die Titelgeschichte vom 11.08.2008 „Die Daten-Sucht" mit folgendem Text ein: „E-Mail-Fluten und grenzenlose Online-Kommunikation: Der Kommunikationswahn im Netz hat verhaltensauffällige und hochnervöse Individuen hervorgebracht, die immer mehr erfahren und immer weniger wissen. Macht das Internet dumm?"[4]
Überprüfen Sie, ob dieser Text als Einleitung für eine Erörterung geeignet wäre.

Der Text ist geeignet/ungeeignet, denn ______________________________

____

____

____

Info

Die **Einleitung** soll die Lesenden in das Thema einführen, indem sie dessen Aspekte umreißt/den Schreibanlass erläutert. Als Hinführung sind z. B. geeignet:

- ein konkretes Beispiel mit allgemeiner Bedeutung,
- die Beschreibung eines bekannten Zustands,
- ein Zitat,
- eine Definition,
- die skizzierte Darstellung einer historischen Entwicklung.

Die Einleitung sollte knapp sein und sich auf einen Gedanken konzentrieren. Ihre Länge muss dem Umfang der Erörterung angemessen sein, sie sollte ca. ein Siebtel des Aufsatzes umfassen. Wenn die Einleitung in eine Frage mündet, die in pointierter Form die Themenstellung aufgreift, gelingt die Überleitung in den Hauptteil besonders gut.

3 Überlegen Sie für folgende Beispiele aus dem Info-Kasten, mit welchen Inhalten Sie die Lesenden so zum Thema hinführen können, dass Sie ihr Interesse wecken und gleichzeitig einen bruchlosen Übergang zum Hauptteil finden. Nutzen Sie für das Zitat den Text aus der Aufgabenstellung.
Wählen Sie eine Einleitung aus, welche bruchlos zu Ihrer in Aufgabe 1 erstellten Gliederung des Hauptteils überleitet.

1. Konkretes Beispiel mit allgemeiner Bedeutung: ______________________________

____

2. Skizzierte Darstellung einer historischen Entwicklung: ______________________________

____

3. Zitat: ______________________________

____

4 **Hornig, Frank** *u. a.: Die Daten-Sucht. In: Der Spiegel 33/2008, S. 80*

4 Der Journalist Frank Schirrmacher schließt sein Vorwort zu einem Buch des Wissenschaftspublizisten Nicholas Carr über das Internet wie folgt:

„Niemand ist gegen das Netz. Und niemand ist gegen Computer. [...] Es geht gar nicht darum, dagegen oder dafür zu sein – man kann auch nicht gegen das Wetter oder die Farbe des Himmels sein. Die digitale Revolution ist irreversibel[5], und altertümlich ist an der Debatte nur der zwanghafte Versuch der Ideologen, die Analyse mit Formaten des neunzehnten Jahrhunderts zu beantworten, also Technikfeindlichkeit dort zu wittern, wo es in Wahrheit um den Umgang mit den neuen Techniken geht. [...]
Wir werden in Schulen und an Arbeitsplätzen Kontemplation[6] so fördern müssen, wie wir vor hundert Jahren gelernt haben, den Sport zur Pflicht zu machen. Zu den uralten meditativen Praktiken zählt, auf das eigene Atmen zu hören – das Selbstverständlichste von der Welt sich bewusst zu machen. Zu den Praktiken der Zukunft wird als erste gehören, wieder auf das eigene Denken zu hören."[7]

Analysieren Sie, welche Gedanken die Ausführungen Schirrmachers als Schluss seiner Ausführungen abrunden. Nutzen Sie dabei die Angaben im Infokasten.

Gedanken	Textstelle	Themenbezug
klare Entscheidung pro/kontra nicht möglich	Z. 1 ff.	Aufgreifen der Themafrage und Antwort
ideologisch gefärbte Debatte ineffizient	Z. 3 ff.	
	Z. 7 ff.	

5 Legen Sie fest, mit welchen Gedanken Sie Ihren Aufsatz abschließen wollen und vervollständigen Sie Ihre Gliederung. Greifen Sie dabei gegebenenfalls auf das in der Aufgabe verwendete Zitat zurück.

Info

Der Schluss rundet die Erörterung ab, indem er die entwickelten Inhalte verknüpft, ohne Passagen aus dem Hauptteil zu wiederholen. Je nach Themenstellung und getroffener Entscheidung kann er z. B.

- einen Appell an die Lesenden richten,
- das Wichtigste zusammenfassen,
- mögliche Grenzen der Entscheidung beleuchten,
- einen Ausblick formulieren,
- auf ungelöste Probleme hinweisen,
- Erfolgsaussichten abwägen,
- Vorschläge machen,
- Konsequenzen aufzeigen,
- Bedingungen für die Realisierung nennen.

Die Länge richtet sich wie die Einleitung nach dem Umfang des Aufsatzes.

Die Abrundung des Aufsatzes gelingt besonders gut, wenn im Schlussteil Gedanken aus der Einleitung aufgegriffen werden.

5 **irreversibel:** *nicht rückgängig zu machen*
6 **Kontemplation:** *umfassendes, gründliches Nachdenken*
7 **Schirrmacher, Frank:** *Vorwort. Aus: Nicholas Carr: Wer bin ich, wenn ich online bin ... und was macht mein Gehirn solange? München 2010, S. 12 f.*

4.4 Vierter Schritt: Eine Erörterung schriftlich ausarbeiten – Die Argumentation ausführen

1 Formulieren Sie Ihre Einleitung und schließen Sie das erste Argument Ihres Hauptteils an.

2 Argumente sind nur dann überzeugend, wenn sie aus den drei Bestandteilen Behauptung – Begründung – Stützebene bestehen. Vervollständigen Sie zur Übung folgendes Argument, indem Sie stichwortartig eine Begründung entwerfen und einen Gedanken skizzieren, mit dem Sie Ihr Argument stützen können.

Das Internet birgt die Gefahr der Verrohung, denn ______________________________

____

Beispiel: ______________________________

3 Ergänzen Sie die folgenden Textauszüge aus der Titelgeschichte des Nachrichtenmagazins „Der Spiegel" so, dass vollständige Argumente skizziert werden.

Behauptung	Begründung	Stützebene
1		Manche Lehrer würden besser verstanden, wenn sie ihren Lehrstoff per SMS an die Schüler verschickten.
2 … das Netz ist verführerisch, es verleitet dazu, sich in ihm zu verlieren, seine Zeit zu verschwenden.	Ständig wachsende Deponien von Daten im Internet und auf den Festplatten der Nutzer erschweren den Durchblick. Im Englischen ist auch von „Information Overload" die Rede, von einer erdrückenden Überlast an Informationen, die die Entscheidungsfähigkeit der Menschen beeinträchtigt.	

4 Arbeiten Sie nun Ihre eigenen Argumente nach dem Dreischritt aus und beachten Sie dabei, dass Sie verschiedene Argumenttypen (▶ Kasten) verwenden.

Info

Als Argumente geeignet sind:

Analogiebeweise (These wird damit abgesichert, dass ein Beispiel aus einem anderen Bereich als dem gerade diskutierten herangezogen wird): „Das Internet ist eine Technik, die bei angemessenem Umgang keine negativen Auswirkungen hat, denn erfahrene Nutzer sind sich der Gefahren bewusst und können ihnen entgehen … Fast alle wichtigen technischen Neuerungen haben ähnliche Debatten ausgelöst wie heute das Internet und bisher haben die Menschen noch immer die vorhergesagten Katastrophen vermeiden können. So wurden schon bei der Erfindung des Telefons Gefahren wie die Vereinsamung und das Verlernen der Schriftsprache beschworen …"

Autoritätsbeweise (These wird dadurch gestützt, dass die ähnlich lautende Position einer weithin akzeptierten Autorität hinzugezogen wird): „Die Datenflut im Internet ist für viele Nutzer eine Herausforderung, der sie immer weniger gewachsen sind … Das Nachrichtenmagazin ‚Der Spiegel' spricht von einer ‚Informationsverschmutzung' und zitiert den Computerwissenschaftler David Levy, der diese Erscheinung ‚So schlimm wie die globale Umweltkrise' findet.[8] …"

Evidenzbeweise (These wird durch eigene Beobachtungen und Erfahrungen gestützt, die nachvollziehbar und aus sich heraus einleuchtend = evident sind): „Das Internet verführt dazu, sich geistigen Herausforderungen in Schule und Ausbildung nicht mehr selbst zu stellen, denn es gibt für fast alle Themenstellungen Vorlagen … Wie verbreitet dieses Vorgehen mittlerweile an Schulen und Universitäten ist, zeigt die immer ausgefeiltere Software, die Lehrenden angeboten wird …"

8 **Hornig, Frank,** *a.a.O.*

Praxisbeweise (These wird mit Erfahrungen aus der Praxis gestützt): „Das Internet vermindert die Konzentrationsfähigkeit, denn die Flut der Informationen ist kaum noch zu bewältigen ... So hat eine amerikanische Studie ergeben, dass ein Angestellter pro Tag im Durchschnitt fünfzigmal seine E-Mails kontrolliert, 77-mal eine Nachricht versendet und vierzig Webseiten besucht ...“

Werte und Normen (These wird gestützt, indem sie mit weithin akzeptierten Wertmaßstäben und Normen verknüpft wird): „Mit den technischen Möglichkeiten des Internets können Menschen widerrechtlich verunglimpft und gegen ihren Willen zur Schau gestellt werden. Dies widerspricht der in Artikel 1 des Grundgesetzes garantierten Würde des Menschen ... Eine Lehrkraft unserer Schule hat z. B. einen Schüler angezeigt, der sie ohne ihr Wissen im Unterricht gefilmt und die Sequenz ins Internet gestellt hat.“

Die **Formulierung der Argumente** kann die persönliche Betroffenheit oder Sichtweise erkennen lassen, soll aber nicht provokativ oder überspitzt sein.

5 Schreiben Sie den Hauptteil und den Schluss Ihres Aufsatzes analog zu Ihrer Gliederung. Achten Sie besonders auf die Überleitungen zwischen den Teilen und machen Sie diese durch Abschnitte kenntlich.

4.5 Fünfter Schritt: Die Erörterung überarbeiten und den Arbeitsprozess auswerten

1 Prüfen und überarbeiten Sie Ihren Text mithilfe folgender Fragen:

Checkliste

- Sind die Gedanken stringent entwickelt oder enthalten sie Sprünge?
- Sind alle Argumente vollständig ausgearbeitet oder fehlen entscheidende Teile?
- Entspricht der Aufbau des Aufsatzes der Gliederung oder müssen Teile angepasst werden?
- Gibt es redundante Passagen oder werden in jedem Abschnitt neue Gedanken entwickelt?
- Sind die Gedanken prägnant formuliert oder gibt es ungenaue Formulierungen?
- Sind die Gedanken sprachlich kohärent verknüpft (Konjunktionen) oder ist keine Verknüpfung erkennbar?
- Ist die Stilebene angemessen gewählt oder enthält der Aufsatz umgangssprachliche Passagen?
- Bilden Einleitung und Schluss eine inhaltliche Klammer oder stehen sie isoliert vor/nach dem Hauptteil?
- Entsprechen die inhaltlichen Abschnitte den äußerlichen oder sind sie willkürlich gesetzt?
- Sind Rechtschreibung, Zeichensetzung und Grammatik korrekt oder müssen sie der letzten Version des Aufsatzes angepasst werden?

Tipp

Besonders wichtig für die überzeugende Entwicklung einer Argumentation ist die Textkohärenz. Entsprechende Konjunktionen verdeutlichen Ihren Gedankengang:
anreihend: *auch • außerdem • dann • darüber hinaus • desgleichen • des Weiteren • ferner • nicht nur ... sondern auch • überdies • und • sowohl ... als auch • zudem ...*
begründend: *da • daher • darum • demnach • denn • deshalb • deswegen • nämlich • somit • weil*
(Satzstellung beachten: ... *denn ich habe gesagt* = Hauptsatz; ... *weil ich gesagt habe* = Nebensatz)
einschränkend: *insofern • insoweit • sofern ...*
entgegensetzend: *aber • doch • dennoch • dagegen • freilich • gleichwohl • hingegen • jedoch ...*
folgernd: *also • demnach • folglich • infolgedessen ...*
gegensätzlich: *indessen • wogegen • zwar ... aber ...*

2 Überdenken Sie nach der Klausur den Arbeitsprozess, indem Sie die Arbeitsschritte noch einmal durchgehen und mit der zeitlichen Planung abgleichen.

3 Machen Sie sich Notizen, welche Aspekte Sie bei einer weiteren Klausur besonders beachten wollen.

5 Erörterndes Erschließen pragmatischer Texte Analyse der Argumentation eines Sachtextes und kritische Stellungnahme

Aufgabenbeispiel 1

1. Erschließen Sie die im Artikel von Walter Schmidt vertretene Position in ihrem gedanklichen Zusammenhang und erläutern Sie die Bedeutung der in der Diskussion um die Frage der Wertevermittlung verwendeten Komposita.
2. Setzen Sie sich kritisch mit zentralen Aussagen des Textes auseinander.

Textgrundlage

Walter Schmidt

Neue Normen (Der Tagesspiegel, 2008)

Kinder müssen so früh wie möglich ihr Urteilsvermögen üben. „Mehr Werte" soll die Schule vermitteln, wird oft gefordert. Aber welche?

„Kinder brauchen Werte", lautet das Motto einer Initiative des Bundesfamilienministeriums – ganz so, als gelte es, gegen einen akuten Mangel anzugehen. Nicht nur das Ministerium, auch zwei Drittel der Deutschen meinen, dass Kinder heute „zu wenig Werte" vermittelt bekommen, fand eine Allensbach-Umfrage[1] im vergangenen Jahr heraus. Aus Sicht vieler Deutscher „zerfallen" Orientierungen zunehmend. Pädagogen werden deshalb immer wieder aufgefordert, den Werteschwund in den Schulen aufzuhalten.

Anders als das verbreitete Gefühl es will, mangelt es heute jedoch keineswegs mehr an Werten als früher, wie Jürgen Rekus, Pädagogik-Professor an der Universität Karlsruhe sagt. Im Gegenteil: „Das Problem besteht eher darin, dass es eine Fülle von Werten gibt, die in Konkurrenz zueinander stehen."

Werte können überhaupt nicht zerfallen, sagt auch Volker Ladenthin, Professor für Erziehungswissenschaft an der Universität Bonn. Bestimmte Werte würden lediglich nicht mehr „angewählt", also zur Grundlage des Handels gemacht. Wer etwa darauf vertraut hat, als Bankkauffrau eine sichere Laufbahn eingeschlagen zu haben, dann aber arbeitslos wird, der orientiert sich fortan nicht mehr an „Verlässlichkeit", sondern an anderen Werten. Der Wert „Verlässlichkeit" bleibe also bestehen – er werde nur nicht mehr angewählt, weil er sich in der Realität als untauglich erwiesen habe, erklärt Ladenthin.

„Wer glaubt, nur ein einziges, eng definiertes Ensemble[2] von Werten, Tugenden oder Normen habe Anspruch auf unbedingte Geltung oder Richtigkeit, der muss angesichts der Konkurrenz durch andere Wertangebote und Wertvermittler konsequenterweise vom Werteverfall sprechen", sagt der Bonner Philosophie-Praktiker Markus Melchers. In modernen Gesellschaften existierten hingegen konkurrierende Wertangebote. Statt von „Wertezerfall" müsse deswegen von „Wertepluralismus"[3] gesprochen werden – und der sei „ein wichtiges Kennzeichen demokratischer Gesellschaften".

Für Volker Ladenthin gilt deshalb: „Die Schule soll nicht zu Werten erziehen." Denn welche sollten das in einer pluralistischen Gesellschaft auch sein? Wertekonflikte sind im Wertepluralismus unvermeidbar. „Der eine trägt Hose mit Bügelfalte, der andere Jeans. Was ist richtig?", sagt auch

1 **Institut für Demoskopie Allensbach:** *Gesellschaft zum Studium der öffentlichen Meinung (altgriech. démos = Volk, skopeín = spähen), Meinungsforschungsinstitut*
2 **Ensemble:** *Gruppe, Zusammenstellung*
3 **Wertepluralismus:** *Koexistenz von unterschiedlichen Werten in einer demokratischen Gesellschaft*

Jürgen Rekus. Wenn eine Gesellschaft sich wandelt, dann ändern sich auch jene ihrer Vorstellungen, die allgemein als wünschenswert gelten und den Gruppenmitgliedern Orientierung beim Denken und Handeln geben.

Soziologen[4] stellen fest, dass sich die Werteskala verschiebt – weg von traditionellen Pflicht- und Akzeptanzwerten wie etwa Ordentlichkeit zu sogenannten Selbstentfaltungswerten. Einem davon geleiteten Menschen gehe es um selbstbezogene Bedürfnisse, „er will sich einbringen, aber nicht um einer Sache oder Situation wegen, sondern um seiner selbst willen“, sagt Rekus. In einer Zeit des Wertewandels müssen sich Lehrende fragen, wie sie Kindern am besten dabei helfen können, eigene und belastbare Moralvorstellungen herauszubilden. Erstrebenswert sei deshalb eine „Erziehung zum Werten“, also letztlich die Fähigkeit zu Werturteilen: „Der Unterricht soll die Schüler befähigen, sich mit unterschiedlichen Wertvorstellungen auseinanderzusetzen und sich bewusst zu entscheiden, sie anzunehmen oder abzulehnen“, fügt Ladenthin hinzu. Dies sei „eine Aufgabe, die alle Fächer betrifft“ – also auch die Mathematik und den Sportunterricht.

Dass Eltern oder Politiker an Lehrer so oft die Forderung oder doch zumindest den Wunsch herantragen, dem Nachwuchs Werte zu vermitteln, hat für Ladenthin eine zentrale Ursache: „Die traditionellen Institutionen brechen zusammen. Es gibt keine für alle verbindlichen Lebensgewohnheiten, Sitten mehr.“ In einer hoch ausdifferenzierten[5] Gesellschaft gibt es plurale Lebensformen – selbst in jeder Familie, sagt Ladenthin. Nur zu verständlich also, dass die Menschen nach einem Halt suchen. Doch sie täten es vergebens. „Denn jeder Wert, den man nun propagiert[6], vermehrt doch die Wertevielfalt.“ Und diese sei ja gerade das Problem, das man angehen möchte. Werte gäben keinen Halt, „sie bedürfen vielmehr einer Halterung – Lebenssinn genannt“.

Wer über das Bewerten von Meinungen, Vorbildern und Ereignissen zu eigenen Werturteilen gelangen darf, verankert diese viel eher, als es das Verinnerlichen von Wertvorgaben schaffen kann. „Werterziehung in der Schule heißt, über den Wert des Gelernten zu sprechen. Und dafür muss Zeit bleiben“, fordert Volker Ladenthin. Wenn etwa Chemieschüler fragen: „Warum müssen wir etwas über Stickstoff lernen?“, könnte der Lehrer entgegnen: „Weil er als Grundlage für Dünger dient – und so Hungersnöte verhindern hilft.“ „Lernen heißt werten“, merkt Ladenthin an.

Damit sollte am besten schon im Kindergarten begonnen werden – freilich nicht theoretisch und somit an den Kindern vorbei. „Deshalb werden Kindern diese Einsichten durch ein angeleitetes Zusammensein, wie selbstverständlich spür- und damit erfahrbar gemacht, und dies kann durchaus auf spielerische Weise geschehen“, sagt Markus Melchers. Zu dieser Wirklichkeit gehöre auch das Erleben von Menschen mit deren eigenen, womöglich fremd erscheinenden Werten. Mündige Bürger müssen das zeitlebens aushalten, im besten Falle begrüßen können.

5.1 Erster Schritt: Die Aufgabenstellung verstehen

1 Erläutern Sie kurz, was mit den folgenden Begriffen in der Aufgabenstellung gemeint ist.

1. gedanklicher Zusammenhang: ______________________________

____

2. Verwendung der Komposita: ______________________________

____

3. sich kritisch auseinandersetzen: ______________________________

____

4 **Soziologen:** *Wissenschaftler, welche den Ursprung, die Entwicklung und die Struktur der menschlichen Gesellschaft erforschen*
5 **ausdifferenziert:** *stark aufgegliedert*
6 **propagieren:** *verbreiten, für etwas werben*

Info Die Aufgabenart „Erörterndes Erschließen“ verlangt von Ihnen von der **Gewichtung** her eine Textanalyse und eine etwa doppelt so umfangreiche Erörterung.

5.2 Zweiter Schritt: Einen Textzugang erschließen – Vorwissen aktivieren

1 Prüfen Sie bei der Lektüre des Textes, ob es Wörter, Formulierungen oder Sätze gibt, die Ihnen nach Berücksichtigung der Fußnoten noch unklar sind. Lassen Sie sich nicht irritieren, wenn Ihnen Personen oder Orte unbekannt sind, wichtig ist nur, dass Sie deren Bedeutung im Textzusammenhang erkennen. Klären Sie die Bedeutung der unbekannten Begriffe (Nachschlagewerk) und legen Sie eine Liste mit Erläuterungen an.

2 Aktivieren Sie Ihr Vorwissen zum Thema „Werte“ und ordnen Sie dieses Wissen, z. B. in einer Mindmap. Berücksichtigen Sie z. B. Kenntnisse aus dem Deutschunterricht und aus anderen Fächern, aber auch die gesellschaftliche Debatte sowie Ihre eigenen Erfahrungen.

3 Markieren Sie weitere Aussagen, die Ihnen mit Blick auf die Aufgabenstellung wichtig erscheinen. Machen Sie sich Notizen am Textrand analog zu den doppelt unterstrichenen Stellen in der Textvorlage: Aufgabe der Schule? – Orientierung schwierig!

4 Halten Sie stichwortartig Ihre eigene Haltung zur Wertevermittlung in einer modernen Gesellschaft fest.

In unserer pluralistischen Gesellschaft ______________________________

____

5 Gliedern Sie den Text in Sinnabschnitte. Bedenken Sie, dass diese nicht unbedingt mit den vom Autor gesetzten Textabschnitten korrespondieren müssen.

7 **Maslowsche Bedürfnishierachie:** *Die menschlichen Bedürfnisse bilden Stufen und bauen aufeinander auf: körperliche Existenzbedürfnisse (unterste Stufe), Sicherheit, soziale Bedürfnisse, Anerkennungsbedürfnisse, Selbstverwirklichung.*

Abschnitt	Zeilen	stichwortartige Zusammenfassung
1	1–12	öffentliche Diskussion zum Thema Werteerziehung in der Schule
2	13–29	

5.3 Dritter Schritt: Thema und Thesen des Textes erfassen – Die Thematik in Beziehung zum öffentlichen Diskurs setzen

Info

Die Aufgabe stellt die Anforderung, dass Sie den Gedankengang des Textes nachvollziehen, d. h. beschreiben und knapp erläutern, wie die einzelnen gedanklichen Schritte des Artikels auseinander hervorgehen bzw. aufeinander aufbauen. Es genügt also nicht, die einzelnen Thesen und Argumente darzustellen, vielmehr muss ihr gedanklicher Zusammenhang erarbeitet werden.

1 Überlegen Sie, wie der Ausgangs- und wie der Endpunkt des Textes zu beschreiben sind und in welchem Verhältnis sie zueinander stehen, z. B.:

Ausgangspunkt: Schmidt geht von der Forderung des Bundesfamilienministeriums und der Mehrheit der Deutschen nach verstärkter Werteerziehung in der Schule aus.

Endpunkt: ______________________________

____

2 Vervollständigen Sie die Markierungen im Text, indem Sie die Komposita mit dem Grundwort „Werte“ kennzeichnen. Erläutern Sie stichwortartig deren Verwendung und deren Bedeutung für die Argumentation.

Begriff	Zeile	Bedeutung
Werteschwund	11	Viele Deutsche konstatieren Mangel an vermittelten Werten in der schulischen Erziehung
Werteverfall Wertezerfall	26 28	

3 Untersuchen Sie die Thesen (mit Wellenlinie gekennzeichnet). Machen Sie sich klar, wie Schmidt bzw. die zitierten Wissenschaftler ihre Thesen belegen.

Tipp Frischen Sie Ihre Kenntnisse zum Thema „Argumentieren" auf, indem Sie sich die passenden Kästen mit Tipps und Informationen im Kapitel 4 dieses Arbeitshefts (▶ Seite 34 ff.) noch einmal durchlesen.

These	Argument	Stützebene (Beispiel, Beleg, Zitat)
„Werte können nicht zerfallen […]" (Z. 17)	Sie bleiben erhalten, bekommen aber einen anderen Stellenwert.	Beispiel Bankkauffrau
„Schule soll nicht zu Werten erziehen," (Z. 30)		
Schule soll zum Werten erziehen. (Z. 41 f.)		

4 Überlegen Sie, welchen Stellenwert das Thema Werteerziehung im öffentlichen Diskurs hat. Nennen Sie Bereiche, in denen es eine große Rolle spielt.

5.4 Vierter Schritt: Die eigene Argumentation entwickeln

Tipp Bedenken Sie bei der Planung Ihrer kritischen Stellungnahme zweierlei: Sie sollten sich sowohl auf den Text und seine Argumente (z. B. in Bezug auf die Verwendung der unterschiedlichen Komposita mit dem Grundwort „Werte") als auch auf Ihr Wissen zur Wertevermittlung beziehen. Es reicht auf keinen Fall, dass Sie lediglich Ihre eigene Meinung zum Thema an selbst gewählten Beispielen darlegen.

1 Setzen Sie sich mit zentralen Thesen des Textes auseinander. Arbeiten Sie wie folgt auf einem gesonderten Blatt. Achten Sie darauf, die Textaussagen nicht zu verfälschen oder zu vereinfachen.

These des Textes	eigene Haltung
1. „Die Schule soll nicht zu Werten erziehen." (Z. 30)	Die Forderung erscheint mir richtig (etwas undifferenziert), denn …
2. „Lernen heißt werten." (Z. 59)	Die Aussage ist (in Grenzen) realistisch, denn …
3. „[Werte] bedürfen […] einer Halterung – Lebenssinn genannt." (Z. 52 f.)	Die Aussage überzeugt mich (nicht), denn …

2 Notieren Sie, welche Aspekte Ihres Vorwissens zum Thema „Werteerziehung" Sie sinnvoll in Ihre Erörterung einbringen können. Es kann sich dabei um bestimmte Positionen zum Stellenwert der Werteerziehung, um historische Entwicklungen, aber auch um konkrete Beispiele aus der aktuellen gesellschaftlichen Debatte handeln (▶ Seite 42, **2**; ▶ Seite 44, **4**). Skizzieren Sie Ihre Ideen nach folgendem Beispiel auf einem gesonderten Blatt.

Textaspekt bei Schmidt (Thesen, Argumente, Beispiele)	inhaltlich passende Aspekte meines Vorwissens (Theorien, Begriffe, Beispiele)
„Selbstenfaltungswerte“ gewinnen an Bedeutung. (Z. 37)	Entspricht der Bedürfnispyramide von Maslow, nach der Selbstverwirklichungsbedürfnisse an der Spitze der Bedürfnishierarchie stehen

3 Notieren Sie sich nach dieser Vorbereitung auf einem gesonderten Blatt, worauf Ihre Erörterung hauptsächlich abzielen soll. Was soll die Hauptaussage (Kernthese) Ihrer argumentativen Entfaltung sein?

5.5 Fünfter Schritt: Einen Schreibplan erstellen – Den eigenen Text entwerfen

1 Bringen Sie die folgenden Gliederungspunkte eines Schreibplans in eine für Sie sinnvolle Reihenfolge (1– 5):

- ☐ argumentative Schritte meiner Erörterung
- ☐ Schlusssatz: In welche Überlegung mündet meine Erörterung?
- ☐ Einleitungssatz
- ☐ Überleitung zum Erörterungsteil
- ☐ Beschreibung der Position und des gedanklichen Zusammenhangs: die Schritte des Gedankengangs, die Abgrenzung verschiedener Positionen

2 Skizzieren Sie auf einem gesonderten Blatt Ihre eigene Argumentation in einer numerischen Rangfolge oder in Form eines Diagramms. Legen Sie danach fest, wie Sie in Ihrem Schluss an die Einleitung anknüpfen können, um Ihren Aufsatz abzurunden.

3 Verfassen Sie gemäß Ihrem Schreibplan Ihre Klausur.

Tipp

Die **klare und sprachlich angemessene Darstellung** Ihrer Ergebnisse ist für die Endnote mitentscheidend. Verwenden Sie möglichst verschiedene treffende Adjektive und Verben des Sagens, z. B.:

Erster Aufgabenteil (Textanalyse)

- *Die Ausführungen basieren auf der These, dass …*
- *Zur Veranschaulichung wählt die Autorin/der Autor das Beispiel …*
- *Dem stellt die Autorin/der Autor die Position/das Beispiel X gegenüber …*
- *Diese Position steht in Kontrast zu …*
- *An dieser Stelle formuliert sie/er die Position sehr pointiert, indem sie/er …*
- *Der Gedankengang mündet in der Feststellung, dass …*
- *Diese Aussage kontrastiert mit …*
- *Die Frage, ob/wie … bleibt offen …*

Zweiter Aufgabenteil (Erörterung)

- *Es erscheint zunächst plausibel, wenn die Autorin/der Autor behauptet …, jedoch …*
- *Trotz der genannten Einschränkungen stimme ich der These zu, dass …*
- *Hier muss/sollte man differenzieren zwischen …*
- *Zu bedenken ist dabei auch, dass …*
- *Es muss also offen bleiben, ob …*
- *Hier gilt es abzuwägen zwischen … und …*
- *Dies legt die Vermutung/den Schluss nahe, dass …*
- *Veranschaulichen lässt sich dieser Aspekt am Beispiel des …*
- *Die Schlussfolgerung der Autorin/des Autors muss modifiziert werden, denn …*

5.6 Sechster Schritt: Den eigenen Text überarbeiten

1 Für die Lesbarkeit Ihrer Klausur sind sinnvolle Absätze und treffende Konjunktionen (*und, oder, aber, entweder … oder, denn, weil, obwohl, dass* etc.) von großer Bedeutung.

a Prüfen Sie, ob Sie insbesondere im Hauptteil Ihres Textes Absätze gemacht haben, um jeweils einen neuen gedanklichen Schritt zu kennzeichnen.

b Markieren Sie alle Konjunktionen und überprüfen Sie diese auf ihre logische Genauigkeit.

2 Ein häufiger Fehler in Klausuren ist das Fehlen von Erläuterungen – auf eine These folgt lediglich ein Zitat als Beleg, sodass die Leserin oder der Leser selbst herausfinden muss, inwiefern dieses Zitat die These stützt. Ergänzen Sie die folgenden Kombinationen von These und Beleg jeweils um eine sinnvolle und sprachlich präzise Erläuterung.

Tipp

Häufig ist zwischen **Beleg und Erläuterung** ein Doppelpunkt sinnvoll, um deutlich zu machen, dass nun die erforderliche Erläuterung folgen wird. Weitere sprachliche Möglichkeiten sind: *das heißt • das bedeutet • mit anderen Worten • damit bringt er zum Ausdruck, dass ...*
Geben Sie in Ihrem Aufsatz zusammengehörige Gedankengänge mehrerer Textpassagen **strukturierend und paraphrasierend** wieder. Nutzen Sie eine wörtliche Wiedergabe nur für besonders wichtige Zitate aus der Textvorlage.

1. Mit seiner Forderung „Die Schule soll nicht zu Werten erziehen" widerspricht der Erziehungswissenschaftler Volker Ladenthin dem Wunsch von Vertretern des Bundesfamilienministeriums und der Mehrheit der Deutschen nach mehr Wertevermittlung in der Schule.

Erläuterung: ______________________________

____

2. Mit der These „Wertekonflikte sind im Wertepluralismus unvermeidbar" umschreibt der Erziehungswissenschaftler Volker Ladenthin seine Sicht der Situation der modernen Gesellschaft.

Erläuterung: ______________________________

____

3. Die Chance zu individuellen Werturteilen befähigt ein Individuum eher zum Aufbau eines Wertesystems als „das Verinnerlichen von Wertvorgaben".

Erläuterung: ______________________________

____

Aufgabenbeispiel 2

1. Geben Sie die Position und die Argumentation von Susanne Gaschke wieder.
2. Erörtern Sie anschließend die Frage, ob eine Demokratie ohne die Beteiligung einer großen Zahl ihrer Bürgerinnen und Bürger leben kann.

Textgrundlage

Susanne Gaschke

Mitmachen? Warum nicht! (Die Zeit, 2010)

[...] Politisch zu sein bedeutet, in einem Modus der Aneignung zu leben. Politisch zu sein bedeutet, dass man die Welt für veränderbar hält – und sich selbst nicht nur für eine Spielfigur undurchschaubarer Mächte. Es ist geradezu tragisch, wie vergleichsweise wenige Menschen das beglückende, be-

reichernde, erhebende Gefühl der eigenen gesellschaftlichen Wirksamkeit erfahren. „Ein Volk denkt", so formulierte es der liberale Reichsaußenminister Walther Rathenau[8], „indem die Menschen miteinander reden – und wenn sie folgenreich miteinander reden, dann ist das Volk souverän." Was für ein guter Gedanke. Und was für eine schreckliche Vorstellung, sich selbst von diesem Gespräch auszuschließen!
Und doch tun das viele: Der ARD-Deutschlandtrend wirft immer wieder Werte aus, nach denen mehr als die Hälfte der Deutschen „weniger bis gar nicht zufrieden" mit den demokratischen Abläufen sind. Drei Viertel der Ostdeutschen finden, dass die Demokratie nicht einmal „zufriedenstellend" funktioniert. Gleichzeitig interessiert sich überhaupt nur ein Drittel der Bevölkerung „sehr stark" (vier Prozent) oder „stark" für Politik. Zwei Drittel glauben, es sei die Aufgabe der Opposition, der gegnerischen Regierung bei der Arbeit zu helfen. Sie wissen wenig, und sie erwarten nichts.
Vor diesem Hintergrund kann einen das Aufkommen neuer Bürgerbewegungen nur hoffnungsfroh stimmen: Ob es um Stuttgart 21[9] geht, um das bayerische Rauchverbot oder die Hamburger Schulreform[10] – hier nehmen sich Bürger ihrer eigenen Angelegenheiten an, hier wird miteinander geredet, und das folgenreich.
Das einzige Problem der Initiativen ist es, dass sie sich meist um einzelne, punktuelle Interessen gruppieren. Das ist absolut legitim, lässt aber, sozusagen, eine Gemeinwohllücke offen. Irgendjemand muss sich schon um die größeren Zusammenhänge kümmern, muss Politik im Interesse derjenigen formulieren und durchsetzen, die selbst nicht dazu in der Lage sind. Einstweilen tun das auf weiter Flur allein die Parteien. Für sie gilt analog das klassische Bonmot[11] von Winston Churchill über die Demokratie: Sie sei die schlechteste aller Regierungsformen – außer allen anderen, die schon ausprobiert worden seien.
Nun kann man nicht die Augen davor verschließen, dass es ein paar durchaus nachvollziehbare Gründe gibt, die Menschen am politischen Engagement hindern. Der wichtigste ist vermutlich ein dramatisches Gefühl von Zeitnot, von Getriebensein. Das hat gar nicht viel mit unseren realen Arbeits- und Urlaubszeiten zu tun, die sehr viel angenehmer sind als die eines Industriearbeiters im 19. Jahrhundert. Aber die Geißel der elektronischen Allerreichbarkeit hat die Grenzen zwischen Arbeit und Freizeit verschwimmen lassen, und der flexible Kapitalismus erwartet auch den jederzeit flexiblen (und hingebungsvollen) Mitarbeiter. Das Fernsehen raubt dem durchschnittlichen Erwachsenen jeden Tag drei Stunden, das Internet mehr als zwei Stunden Zeit. Instabile Beziehungen kosten jede Menge Aushandlungsstress.
Es ist also nicht weiter erstaunlich, wenn viele Leute schlicht keine Neigung verspüren, am kostbaren Feierabend oder am Wochenende für das Gemeinwohl unterwegs zu sein. Eine stabile, wohlerprobte Demokratie sollte durchaus damit leben können, dass eine nennenswerte Zahl von Demokraten sich (vorübergehend) nicht beteiligt. Grotesk[12] wäre es aber, wenn die, die nichts oder wenig beitragen, auf jene herabblickten, die sich die Zeit nehmen, die ihre Freizeit opfern und recht oder schlecht etwas für andere tun. Vielleicht übertragen wir zu oft unser eigenes schlechtes Gewissen – eigentlich könntest du mehr tun – auf die vermeintlich spießigen Vereinsmeier, die korrupten Politiker, die abgehobenen Parteien, um uns selbst zu entlasten. Viel wäre für das gesellschaftliche Klima getan, wenn wir diesen „Schlechtes-Gewissen-Kurzschluss" in uns selbst austricksen könnten. Müsste es nicht möglich sein, gelegentlich in der Rolle des aufgeklärten Zuschauers zu bleiben – bei guter Laune?

8 **Walter Rathenau (1867–1922):** *Außenminister der Weimarer Republik, fiel einem antisemitisch motivierten Attentat zum Opfer*
9 **„Stuttgart 21":** *Bezeichnung für das Projekt des neuen Bahnhofs in Stuttgart, dessen Bau auf heftigen Widerstand in Teilen der Bevölkerung stößt*
10 **Hamburger Schulreform:** *Die Pläne der Hamburger Regierung aus CDU und GAL (Grün-Alternative-Liste) zur Neuordnung des Schulsystems wurden 2010 durch ein Bürgerbegehren abgelehnt.*
11 **Bonmot:** *treffender, witziger Ausspruch*
12 **grotesk:** *absurd, lächerlich*

Tipp

Bearbeiten Sie den Text in Anlehnung an die Aufgabenstellung des Beispiels 1 (▶ Seite 41 ff.). Achten Sie dabei auch auf ein sinnvolles Zeitmanagement.

Info

Auswahl der Prüfungsaufgabe und Zeitmanagement
In der Prüfung müssen Sie eine von mehreren vorgegebenen Aufgaben bearbeiten. Einschließlich der Auswahlzeit haben Sie dazu – je nach geltender Prüfungsordnung – ca. 240 Minuten Zeit. Für die Auswahl der Aufgabe sollten Sie sich ausreichend Zeit lassen (ca. 15–20 Minuten), um zu überprüfen, welches Thema am ehesten Ihren Stärken entgegenkommt. Eine Analyse der für die Bearbeitung erforderlichen Kompetenzen hilft Ihnen sowohl bei der Auswahl als auch bei der Erschließung der Aufgabenstellung.
Achten Sie bei allen Schritten Ihrer Erarbeitung auf ein angemessenes Verhältnis der dafür verwendeten Zeit.

5.7 Erster Schritt: Die Aufgabenstellung verstehen

1 Machen Sie sich klar, was von Ihnen bei der Lösung der Aufgabe erwartet wird und was nicht. Kreuzen Sie dazu in der folgenden Liste diejenigen Kompetenzen an, die Ihrer Meinung nach für die Lösung der Aufgabe wichtig sind.

- ☐ 1. das Thema des Textes genau angeben
- ☐ 2. versteckte Aussagen im Text erkennen und deuten
- ☐ 3. den gedanklichen Grundriss des Textes wiedergeben
- ☐ 4. sich eine begründete Meinung zur Position im Text bilden
- ☐ 5. eine Stellungnahme argumentativ schlüssig aufbauen
- ☐ 6. poetische Bilder (Metaphern, Symbole etc.) auflösen
- ☐ 7. eine Textaussage auf eine Epoche beziehen
- ☐ 8. schwierige Textstellen aus dem Zusammenhang verstehen
- ☐ 9. die Biografie des Autors auf eine Textaussage beziehen
- ☐ 10. die Wirkungsabsicht rhetorischer Mittel angeben
- ☐ 11. Interpretationshypothesen formulieren
- ☐ 12. den Konjunktiv in der indirekten Rede anwenden
- ☐ 13. Äußerungen eines anderen bewerten

2 Über welche der Ihrer Meinung nach geforderten Kompetenzen verfügen Sie so sicher, dass Sie sich die Bearbeitung der Aufgabe zutrauen? Welche Aufgaben kommen für Sie eher nicht in Frage?

5.8 Zweiter Schritt: Einen Textzugang erschließen – Vorwissen aktivieren

1 In Wörterbüchern zur Rechtschreibung, die in der Prüfung zugelassen sind, finden Sie häufig auch kurze Erläuterungen zu Fremdwörtern oder Fachbegriffen. Notieren Sie sich diese zu unbekannten Begriffen stichwortartig am Rand des Textes.

2 Aktivieren Sie Ihr Vorwissen. Machen Sie sich anschließend die gedanklichen Zusammenhänge des Textes klar, indem Sie sie in einer geeigneten Form visualisieren (Mindmap, Strukturdiagramm etc.).

3 Im zweiten Teil der Aufgabe geht es darum, der These von Gaschke vollständig oder teilweise zuzustimmen bzw. sie vollständig oder teilweise abzulehnen. Notieren Sie stichwortartig eigene zusätzliche Argumente, berücksichtigen Sie dabei Ihr Vorwissen. Achten Sie darauf, dass die Aussagen Gaschkes nur eine Anregung für Ihre Auseinandersetzung mit der Frage sein können. In Ihrer Gedankenführung müssen Sie sich davon lösen.

5.9 Dritter Schritt: Thema und Thesen des Textes erfassen – Die Thematik in Bezug zum öffentlichen Diskurs setzen

1 Beschreiben Sie Ausgangs- und Endpunkt des im Text entwickelten Gedankengangs und erläutern Sie stichwortartig einige im Text enthaltene Argumente.

2 Machen Sie sich klar, welchen Stellenwert das Thema im öffentlichen Diskurs hat.

5.10 Vierter Schritt: Die eigene Argumentation entwickeln

1 Strukturieren Sie Ihre eigene Argumentation und legen Sie Ihre Position fest.

2 Überlegen Sie, welche Informationen und Gedanken Sie in Ihre Einleitung und Ihren Schluss aufnehmen und wie Sie diese miteinander verbinden können.

5.11 Fünfter Schritt: Einen Schreibplan erstellen – Den eigenen Text entwerfen

1 Teilen Sie die Ihnen zur Verfügung stehende Zeit ein, indem Sie festlegen, wie lange Sie für die Ausarbeitung der beiden Aufgabenteile (Seite 48, ▶ Info) bzw. für die Überarbeitung Ihrer Klausur planen. Kontrollieren Sie in regelmäßigen Abständen, ob Sie Ihren Zeitplan einhalten.

2 Bearbeiten Sie zunächst den ersten Aufgabenteil. Nutzen Sie dazu Ihre Visualisierung. Formulieren Sie anschließend eine Überleitung zum zweiten Aufgabenteil.

3 Formulieren Sie den zweiten Teil Ihrer Klausur. Beachten Sie, dass genügend Zeit für die Überarbeitung bleibt.

5.12 Sechster Schritt: Den eigenen Text überarbeiten und den Arbeitsprozess auswerten

1 Kontrollieren Sie Ihren Text auf seine sprachliche Richtigkeit und auf die Textkohärenz. Überlegen Sie, ob eine Leserin/ein Leser Ihren Gedankengang ohne zusätzliche Erläuterungen, deutlichere Übergänge oder ergänzendes Hintergrundwissen nachvollziehen kann. Markieren Sie ggf. Stellen, die Sie überarbeiten wollen.

2 Überprüfen Sie ihre Ausführungen auf Redundanzen bzw. logische Brüche.

3 Überdenken Sie nach den beiden Klausuren den Arbeitsprozess, indem Sie die Arbeitsschritte noch einmal durchgehen und mit der zeitlichen Planung abgleichen.

4 Machen Sie sich Notizen, welche Aspekte Sie bei einer weiteren Klausur besonders beachten wollen.

6 Untersuchendes Erschließen literarischer Texte

Analyse und Interpretation eines Prosatextes

Aufgabenbeispiel

Analysieren und interpretieren Sie die Kurzgeschichte „Der Rivale“ von Gabriele Wohmann. Achten Sie hierbei besonders auf die Charaktere und die Kommunikation(sstörung) der beiden Protagonisten. Beachten Sie auch sprachliche Besonderheiten der Geschichte und beziehen Sie diese auf den Inhalt.

Textgrundlage

Gabriele Wohmann (geb. 1932)

Der Rivale (2006)

Gabriele Wohmann (geb. 1932)

Simone hielt Ruodi ihre linke Hand ins Blickfeld, der Brillantring blitzte. Sie sagte ernst: Wenn nur eben das hier nicht wäre.

Schon neben ihm an der Bushaltestelle im Wartehäuschen zu sitzen, machte sie weich von der Gürtellinie abwärts, darüber schien sie nur aus Herzklopfen zu bestehen: Sie war von den Haarwurzeln bis zu den Zehen in Ruodi verliebt, Stufe sieben, hätte sie gesagt, wenn sie ihre Gefühle mit den Störstufen eines AKW vergleichen sollte. Größtmöglicher Unfall. Ihr GAU hieße: Hingabe. Greif endlich zu, beziehungsweise äußere doch wenigstens diesen dringenden Wunsch!

Ruodi nickte stumm und betrübt, Simone blieb zwar verliebt, aber ein wenig kämpferischer hätte sie sich Ruodi doch gewünscht. Wenn ihr Plan aufginge, sollte der Ring ihn anfeuern. In Rage den Rivalen tilgen. Sie sagte, weil er vielleicht nur begriffsstutzig war: Ich bin mit diesem Mann verlobt. Und sie tippte auf den Ring. Ich bin mit ihm verlobt, obwohl er bis jetzt noch verheiratet ist. Es ist verdammt romantisch. Es ist ein Melodram, weiß Gott. Pech, oder? Oder kann man was dagegen tun? Sie wartete, dann setzte sie hinzu: Ringe, Schmuckstücke überhaupt, sie haben etwas sehr Bindendes. Das findest du doch auch, oder?

Kann sein, kann nicht sein. Ruodi klang lahm.

Simone drehte auf: Der Mann, mit dem ich da so unglücklich verlobt bin, es ist eine Passion, weißt du, er ist sehr großzügig, denn das hier ist ein echter Brillant ... er ist viel älter als ich, ich meine, der Mann, und er leidet ...

Macht das was?

Ich leide auch, was denkst du denn! Ich kriege allmählich den Eindruck, du hörst überhaupt nicht zu. Ich leide auch! Und zwar *unseretwegen*! Was meinst du?

Ruodi sagte: Der Bus kommt.

Über Eifersucht schien bei ihm wenig zu machen zu sein. Bis auf ein Pärchen vorne beim Fahrer war der Bus leer, sie setzten sich auf die hintersten Sitze rechts. Simone ärgerte sich über Ruodi, aber verliebt, höchste Alarmstufe, blieb sie. Es war Nacht geworden, und sie betrachtete ihr mattes Spiegelbild in der Fensterscheibe. Sie sah gut aus.

Es sollte sich wie eine Warnung anhören, als sie sagte: Junge Mädchen verlieben sich oft in viel ältere Männer. Die Jungen sind zu unerfahren.

Es wäre nicht die erste Verlobung, die gelöst wird, sagte Ruodi. Warum kriege ich eigentlich diesen ganzen Schlamassel erst jetzt zu hören? Neugierig wäre ich schon ein bißchen.

Geriet Ruodi endlich in Fahrt? Und Simone in Verlegenheit? Denn diese Frage, obwohl sie doch so nahe lag, hatte sie nicht vorhergesehen.

Lösungen

Einführung: Prüfungsklausuren vorbereiten und trainieren

► S. 5 **4** 1. vergleichen, 2. gestalten, 3. erörtern/diskutieren, 4. analysieren, 5. beurteilen, 6. einordnen/zuordnen

1 Untersuchendes Erschließen pragmatischer Texte Vergleichende Analyse von zwei Sachtexten

Roland Kaehlbrandt: Unsere Sprache verkommt zum Plastik-Deutsch (2011)

Thomas Steinfeld: Der Sprachverführer (2010)

► S. 8 **1** verlangt werden: 2., 5., 7., 8., 9., 10.

2 5., 8., 2., 9., 10. Die Anwendung des Konjunktivs (7) ist durchgehend erforderlich.

1.2 **3** Die Frage nach der Qualität der deutschen Gegenwartssprache ist auf unterschiedlichen Ebenen Thema des öffentlichen Diskurses. Beispiele: Initiative des Verkehrsministers Ramsauer vom Dezember 2010 für deutsche Wörter, z. B. *Klapprechner* statt *Laptop*, *Tafelschreibblock* statt *Flipchart*; Diskussionen in Schulen und Familien über eine angemessene Ausdrucksweise; Diskussionen über die öffentliche Sprache (Medien, Politiker) etc.

1.3 **1** Die Frage 2 trifft beide Texte. Die Fragen 1 und 5 beziehen sich auf Text 1 (Z. 4 f. bzw. Z. 16 f.), die Fragen 3 und 4 greifen nur Gedanken des Textes 2 auf (Z. 15 bzw. Z. 2 f.).

► S. 9 **2** Kaehlbrandt: „An der deutschen Sprachkultur hapert es aber ganz gewaltig." (Z. 6 f.);
Steinfeld: „Die Frage nach dem besten Deutsch ist daher unfruchtbar." (Z. 6 f.)
Es handelt sich um explizite Thesen. Sie werden syntaktisch als Parataxen formuliert.

1.4 **2** **These**: „An der deutschen Sprachkultur hapert es aber ganz gewaltig." (Z. 6 f.);
Argument: Unsere „Schwatzgesellschaft" spricht „Plastik-Deutsch" (Z. 9 ff.);
Argumentationsstütze 1: „Unbestimmtheit" (Z. 13 ff.); **Argumentationsstütze 2**: Anglizismen (Z. 16 ff.)

► S. 10 **3**

Abschnitt	These	Argumentation
1	Real: mangelhafte Sprachkultur (Z. 6 f.)	Tatsachen, Indikativ: „Es ist gekennzeichnet ..." (Z. 12 f.)
2	Forderung: Sprachkultivierung (Z. 25)	Hypothese: „Wenn wir ... hätten ..." (Z. 28 f.), Konjunktiv
3	Real: Vernachlässigung der Sprache (Z. 41 f.) Aufforderung: Vorschlag Betroffener aufgreifen (Z. 42 f.)	Tatsachen, Indikativ: „Es ist ..." (Z. 41) Hypothese, Konjunktiv („wäre", Z. 42)

4

Textstelle	Art der Argumentationsstütze
1. „Es ist gekennzeichnet durch Unbestimmtheit (wie Vision, Struktur, Synergie, Rahmen, Bereich) ..." (Z. 12 f.)	konkrete Beispiele aus der Sprache
2. „Der Publizist Dieter E. Zimmer ..." (Z. 20)	Autoritäten
3. „Wenn wir eine erstklassige sprachliche Bildung, eine Stilbildung hätten ..." (Z. 28 ff.)	Annahme: positive Folgen als Beweis für die Richtigkeit der These (Konjunktiv)
4. „700 Studiengänge auf Englisch" (Z. 34)	statistisches Material
5. „Humboldt-Stipendiat" (Z. 43)	Statement Betroffener

5 Das Strukturdiagramm kann wie folgt ergänzt werden.

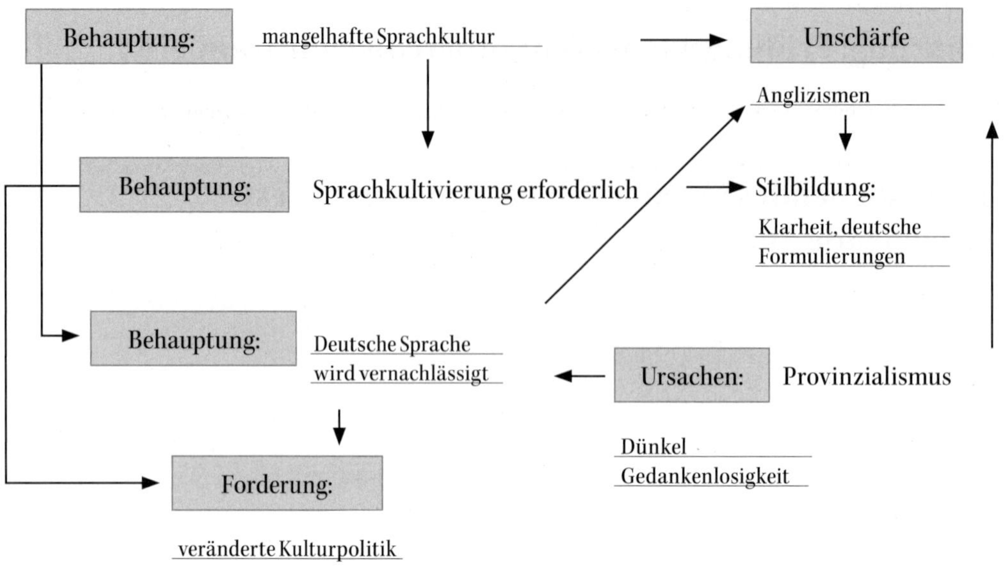

► S. 11 **6** Die Schritte sind: Einen Text lesen → Vorwissen aktivieren, Beziehung zum öffentlichen Diskurs herstellen → Text (evtl. mehrfach) aktiv lesen → Unbekanntes klären → Thema und Kernthese erarbeiten → weitere Thesen und Argumentationsstruktur analysieren → Textzusammenhang visualisieren

7 Steinfeld entfaltet das Thema folgendermaßen:
Thema: Die Qualität der deutschen Gegenwartssprache
Fremde These: Verfall der Sprache → **Argument** für die fremde These: Sprache als absoluter Wert → eigene **Gegenargumente**: Es gab nie einen Idealzustand, daher existiert kein verbindlicher Maßstab, Sprache ist nicht Zustand, sondern Prozess → **Kernthese**: Die Frage nach der Qualität der deutschen Gegenwartssprache kann zu keinem Ergebnis führen → **Argument**: Mängel liegen nicht in der Sprache, sondern in deren mangelhafter Beherrschung/Nutzung → **Argumentationsstütze**: Vielfalt von Grammatik und Wortschatz (bleibt relativ allgemein, da zahlreiche Beispiele im Buch) → **Argument**: Es liegt am Sprecher, wie er die Sprache nutzt → **These**: Sprache ist Freiheit → **These**: Freie Sprache ist mächtig → **Argument**: Sie kann (in Grenzen) die Welt verändern, ermöglicht Erkenntnisse, ist Heimat → **Argumentationsstütze**: Autoritäten

Steinfeld formuliert seine Gedanken teilweise ausführlich, an anderen Stellen dagegen recht knapp. Das erschwert die Einordnung der einzelnen Passagen in einen Argumentationsgang.
Die Einteilung in These, Argument und Argumentationsstütze ist bei Steinfeld nicht immer sofort erkennbar. Beispiel: „Es fehlt meistens nicht die Sprache ..." (Z. 10–13). Erst eine Analyse des gedanklichen Zusammenhangs ergibt Klarheit: Die vorgestellte Aussage „es gibt dafür einen Grund" (Z. 9) kennzeichnet den o. g. Satz als Argument.
Die logische Kette von These, Argument und Argumentationsstütze wird von Steinfeld phasenweise durchbrochen, indem er z. B. Argumente vor der These formuliert.

8 Die Tabelle kann wie folgt ergänzt werden.

Kaehlbrandt	Vergleich	Steinfeld
konstatiert mangelhafte Sprachkultur	konträre Position	widerspricht der Klage vom Verfall der Sprache
bewertet die Gegenwartssprache	verschiedene Ausgangspositionen	bestreitet die Existenz eines gültigen Maßstabs
gibt Beispiele für negative Veränderungen	bewerten die Erscheinungen unterschiedlich	Sprache = Prozess, Veränderungen wertfrei
fordert Sprachkultivierung	Sprachregelung vs. Freiheit der Sprache	Sprache und deren Verwendung müssen frei bleiben
fordert veränderte Kulturpolitik zur Wahrung der Schätze der Zivilisation	beschwören beide den hohen Wert der Sprache	Sprache = Mittel zur Veränderung der Welt, Instrument der Erkenntnis, Heimat

9 Zu einer vollständigen Analyse fehlt noch die Untersuchung der sprachlich-stilistischen Gestaltungsmittel und deren Wechselbeziehung mit dem Inhalt sowie ihres Bezugs zur Zielgruppe. Danach lese ich meine Notizen noch einmal durch, um eine abschließende Bewertung der Texte vornehmen zu können.

► S. 12 **1** Kaehlbrandt: 3; Steinfeld: 1

2 **Kaehlbrandt**: verschiedene Sprachebenen: gehobene Sprache, „Widerpart“ (Z. 30); Umgangssprache, „hapert es“ (Z. 6 f.), „echte“ (Z. 38, überflüssig); drastische Formulierungen „verkommt“ (Titel) → **Aufmerksamkeit erregen, möglichst breite Zielgruppe treffen**

Anapher: „Es“ (Z. 10, 12) → Eindringlichkeit; Ellipsen: „Mit anderen Worten“ (Z. 18), „Ein paar Beispiele“ (Z. 19 f.) → wirken locker; rhetorische Fragen (Z. 21 ff., 33 f., 42 ff.) → Adressatenkontakt, provozierend („soll dann eigentlich noch jemand“, Z. 33), übertreibend („die nicht einmal eine deutsche Zeitung lesen können“, Z. 35 f.); Dreischritt: „durch“ (Z. 13 ff.) → Eindringlichkeit; Aufzählung, Z. 41 → Nachdruck; Personalpronomen „wir“ (ab Z. 6) → Adressatenkontakt, Appell; Wortneubildung: „Plastik-Deutsch“ (Titel, Z. 12) (Assoziation: wertlos) → locker, nachdrücklich

Steinfeld: Hypotaxen fast durchgängig → anspruchsvoller Text **für anspruchsvolle Leserschaft**; dem wird er auch gerecht durch poetisch wirkende Textstellen, deren Wirkungsabsicht die **ästhetische Anschaulichkeit** ist: Zwillingsformel: „Land und Leute“ (mit Alliteration, Z. 22); ungewöhnliche Wortwahl: „gewusste Veränderung“ (Z. 6); Kernthese als Parataxe (Z. 6 f.) → bekommt besonderes Gewicht; Parallelismus, gekoppelt mit Anapher (Z. 10 f.) → Eindringlichkeit; Dreischritt: „nicht“ (Z. 4, 5) → Eindringlichkeit; Wiederholung „nicht nur“ (Z. 19) → Eindringlichkeit; Alliteration: „selige Sicherheit“ (Z. 21), „Land und Leuten“ (Z. 22) → Betonung bestimmter Aussagen; Indefinitpronomen „man“ (Z. 15) → Schreiber tritt als Person nicht in Erscheinung, kein direkter Adressatenbezug

3 Die Bezüge stellen sich wie folgt dar:

Leserschaft	Text
Kaehlbrandt	
in Bezug auf Bildung heterogen →	Sprache des Textes bietet allen etwas, insgesamt aber nicht zu anspruchsvoll
Konfrontation der Leser mit dem Thema nicht gezielt, eher zufällig →	Anreiz zum Lesen muss geschaffen werden: drastische Formulierungen im Titel; „Wir"-Gruppe
mehrheitlich ältere Leser („digital immigrants") → Hang zu Anglizismen nicht so groß →	negatives Urteil über Erscheinungsformen der deutschen. Gegenwartssprache
Steinfeld	
haben fundierte Bildung, erleben Vielfalt der Sprache →	Sprache als Prozess; lebendig; wert, gepflegt zu werden
beschäftigen sich gern mit Literatur →	Liebe zu deutscher Sprache
hohe Ansprüche an Sprache →	Sprache des Buches erfüllt diese Ansprüche (Hypotaxen, poetische Textstellen), mangelhafte Nutzung der Sprache kann kritisiert werden, Leser fühlen sich nicht getroffen

► S. 13 **4** **Kaehlbrandt**: informieren (Beispiele), darstellen (Zustand der deutschen Sprache), appellieren (Aufforderung: deutsche Kulturpolitik), provozieren (Titel), überzeugen (inhaltliche Wiederholungen, Vorbild früherer Epochen, Autoritäten)
Steinfeld: informieren (konträre Standpunkte in der Diskussion), bestätigen (Liebe zur deutschen Sprache), ein Vorbild geben (poetische Formulierungen), begeistern („selige Sicherheit“, Z. 21), überzeugen (Autoritäten)

1 Die Auswahl der Adjektive ist z. T. abhängig von der eigenen Position zum Thema. Für Verfechter der Anglizismen ist z. B. Kaehlbrandts Argumentation zumindest in Teilen nicht überzeugend. Abgesehen davon können beiden Texten folgende Adjektive zugeordnet werden: adressatengerecht, folgerichtig, glaubwürdig, korrekt, logisch, nachvollziehbar, relevant, überprüfbar

2 Untersuchendes Erschließen pragmatischer Texte Analyse einer Werbeanzeige

Werbeanzeige: Hornbach

► S. 17 **1** verlangt werden: 1., 4., 5., 7., 9., 11., 12.

2.2 **2** Weitere Beobachtungen:
Zu erwarten: Verwendung von Farben (mehrheitlich bei Werbung im „Spiegel“); typische Bestandteile und ihre Anordnung (Bild, Headline, Slogan, Logo etc.)
Eher ungewöhnlich: relative dezente Farben; langer Text, aufgebaut nach dem Schema des Leadstils für Zeitungsartikel: Angabe des Themas, Schlagzeile, Vorspann, ausführlicher Bericht (typischer Aufbau der Artikel im „Spiegel“)

3 Die Anzeige gehört zum Prototyp der Imagewerbung, denn die Vorzüge der Firma/Filialen stehen im Mittelpunkt: Größe, Vielfalt, Qualität, Service; Zufriedenheit der Stammkunden.

4

Wer	Baumarkt-Kette Hornbach
sagt was	Die Baumärkte der Firma Hornbach sind in Bezug auf Vielfalt, Qualität und Service allen anderen überlegen. Als Kunde sind Sie aktiv, kritisch und vielseitig.
zu wem	Leser des Nachrichtenmagazins „Der Spiegel"
auf welchem Kanal	Anzeige in einem Printmedium
mit welcher Wirkung	Vorzüge des Unternehmens wecken Interesse der Betrachter

► **S. 18** **2** 3. Catch Visual, 4. Überschrift, 5. Einleitung, 6. Key Visual, 7. Zusatzhinweis, 8. Überschrift (4x), 9. Body Copy (vier Abschnitte), 10. Focus Visual, 11. Erläuterung zu Focus Visual, 12. Claim (Abbinder), 13. Firmenname, 14. Logo, 15. Slogan, 16. Zusatzhinweis

3

Blickfang	Anzeigenteil	Merkmale	Wirkung
1	Auto	zentrale Platzierung, eingerahmt von anderen Teilen	... Ladung: vielfältiges Angebot, evtl. mehr als ein Transporter laden darf (abgedruckter Rat auf der Latte), geht über den Text hinaus (Grünpflanzen)
2	drei Teile: Firmenname + Logo (Holzbohlen) + Slogan = ein Element durch Rahmen	Platzierung unten rechts entspricht Sehgewohnheiten, Firmenname (oben links/unten rechts) rahmt Anzeige ein; helles Braun: Holz im Logo + Hintergrund Firmenname; Farbe Hintergrund Logo wie im Pfeil neben Bohrer (kleines Bild rechts) Farbe magenta: Hintergrund Logo, Pfeil neben Bohrer (kleines Bild rechts), Himmel (Sonnenuntergang?) bei kleiner Abb. Palmenstrand	verbindet den Teil mit dem Fließtext und der kleinen Abbildung (Bohrer und Pfeil zielen auf Text), verbindet damit auch Firma und Kunden: ■➔ helles Braun auch in Überschriften („Sie") ■➔ Slogan gültig für beide Seiten: Aktivität ■➔ Hintergrund Slogan farblich ähnlich wie Textzeile auf den Latten (Ladefläche Auto) ■➔ Farbe magenta stellt Zusammenhang zwischen Firma und Kundenwünschen her: Professionelle Hilfe bei Arbeit, Angebote für die Freizeit (Schaufel am Strand)
3	Headline	Platzierung oben links entspricht den Sehgewohnheiten, große Schrift	beginnt mit Fragewort „Warum" → Suche nach Antworten, Widerspruch „längerer" – „kürzer" → Erstaunen, Neugier

4

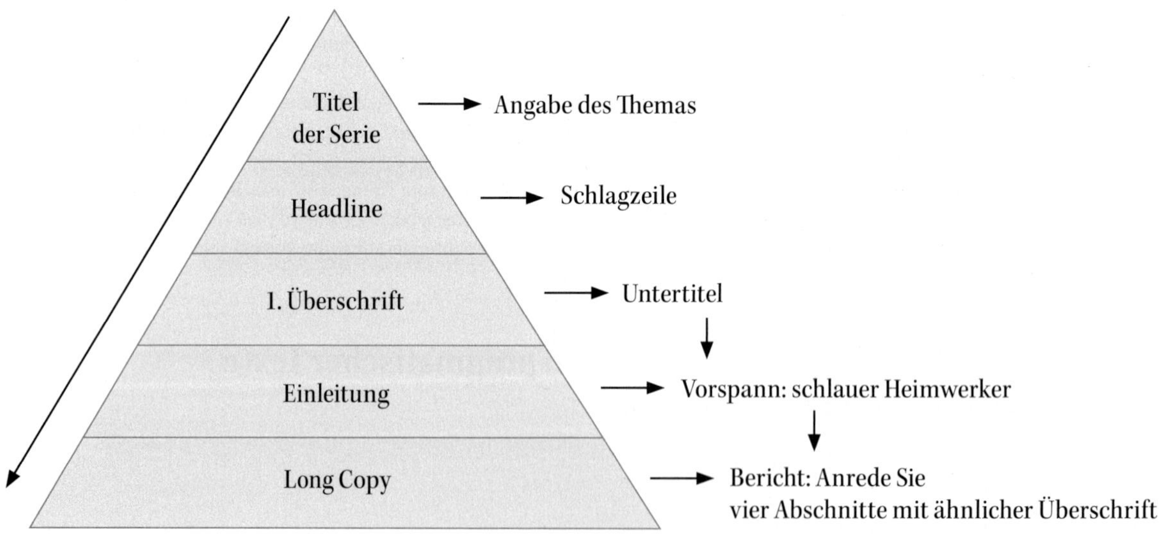

► **S. 19** **5** Intendierte Wirkung: Der Aufbau erweckt den Anschein von Seriosität und vermittelt den Eindruck hoher Informationsdichte.

6

Headline:	große Schrift	→ physisches Reizmittel
	Widerspruch	→ kognitives Reizmittel
Einleitung:	Gegensatz	→ kognitives Reizmittel

7 Es dominieren physische und kognitive Reizmittel; emotionale Reizmittel sind seltener. Der Betrachter wird eher rational angesprochen. (Beispiel: Der Slogan enthält als emotionales Reizmittel die Suggestion, als Stammkunde der Baumarkt-Kette zu den fortwährend aktiven Menschen zu gehören, die jederzeit sinnvolle Tätigkeiten verrichten.)

8 männlich → Interesse an handwerklichen Tätigkeiten
hohes Interesse an ..., nimmt sich Zeit → langer Text im Lead-Stil wie bei gewohnter Lektüre
klassische Qualitäts- und Servicebedürfnisse → Herausstellen der Qualität: Produkte/Service
progressive Leistungswerte → Auswahl + Beratung = Ersparnis, Effizienz
Innovationsfreude → Projekte; immer neue Ideen (Slogan)

► S. 20 **9** Der Text steht im Vordergrund und ist auch ohne die Bilder verständlich. Die Bilder dienen der Ergänzung des Textes. Es handelt sich also um textdominante Werbung.

10 Folgende Verbindungen sollten deutlich werden:

Body Copy: Versprechen → Vielfalt → schnell verfügbar → hohe Qualität → Effizienz → viele Projekte

→ zentrales Bild → Ladung → Reifenspuren (dynamisch)
→ kleine Bilder → Produktbeispiele Freizeitangebot
→ Headline → kürzerer Weg
→ Slogan → immer was zu tun

1 Der Text kommt den intellektuellen Ansprüchen der Zielgruppe entgegen. Er vermittelt den Eindruck von Seriosität und Sachlichkeit, auch wenn er evtl. nicht ganz gelesen wird.

2

rhetorische Figur	Textstelle	Wirkung
Anapher, verbunden mit Parallelismus	„Sie sparen sich das Nochmalkommen." (Z. 7 f.), „Sie sparen sich noch mal das Nochmalkommen." (Z. 27) ; „Sie sparen sich die Fahrt zum Fachhandel." (Z. 39 f.). „Sie sparen sich die Fahrt in eine Tropical-Fun-Erlebnis-therme." (Z. 58 f.)	Effizienz wird besonders betont; Headline wird immer wieder aufgegriffen; Text bekommt „roten Faden"
Antithese	„spar ich mir … hol ich doch ratzfatz wieder rein" (Z. 3 ff.)	kombiniert mit den Wörtern „oberflächlich" und „schlau": Gegensatz zwischen unbedarftem Normalverbraucher und gewitztem Hornbach-Kunden
Ellipse	„Nur logisch, ..." (Z. 48), „Nirgends!" (Z. 61) „Und das Beste:" (Z. 70)	verkürzte, saloppe Formulierungen, passend zur Zielgruppe
Ironie	„ETC-PP-Rohr" (Z. 35); „Dreikant-wie-war-das-nochmal-ich-komm-drauf-Mist-doch-nicht-Dings" (Z. 37 f.); „nehmen Sie mehr mit als ein bisschen Fußpilz" (Z. 70 f.)	Unternehmen/ Kunden können über sich selbst schmunzeln; sind locker, souverän genug, um auch Schwächen zuzugeben
Oxymoron	„längerer … kürzer" (Titel)	Erstaunen erzeugen, Neugier wecken
Pleonasmus	„echtes Profimaterial" (Z. 42 f.)	positive Verstärkung
rhetorische Frage	„Oder haben Sie auf der Kö […]?" (Z. 20 f)	direkte Anrede, Denkprozess anregen

► S. 21 **3** **Hornbach/Kunden:** Aufwertung; Beispiele: „um ein paar Konfektionsgrößen übertreffen" (Z. 13 f.); „Projektberatung" (Z. 30); „echtes Profimaterial" (Z. 42 f.); „Qualität ist dabei oberstes Gebot" (Superlativ, Z. 47.); „gewohnte Hornbach-Qualität" (Z. 50 f.); „der schlaue Heimwerker" (Z. 5); „Projekt" (Z. 24, 30, 32); „Inspiration" (Z. 71); **andere Baumärkte/Kunden:** Abwertung; Beispiele: „Do-it-yourself-Boutiquen" (Z. 12); „der oberflächliche Betrachter" (Z. 3 f.)

4 Zutreffend ist Nr. 3

Sprachebene	Mischung aus Umgangssprache/Modesprache und gehobener Sprachebene, Beispiele für Umgangssprache/Modesprache: „noch mal“ (Z. 23, 27); „das Nochmalkommen“ (Z. 7, 27); „noch mal das Nochmalkommen“ (Z. 27); „loslegen“ (Z. 24), „Dreikant-wie-war-das-nochmal-ich-komm-drauf-Mist-doch-nicht-Dings“ (Z. 37 f.); „Tropical-Fun-Erlebnistherme“ (Z. 59); „Unterm Strich“ (Z. 72); Beispiele für gehobene Sprache: „in ein Meer … eintauchen … im Geruch schwimmen“ (Z. 62 ff.)„; „dem Rauschen … lauschen“ (Z. 64 f., Reim!), „mondäne Flaniermeilen“ (Z. 18); „Bon Voyage“ (Z. 74)
Syntaktische Stukturen	Mischung aus einfachen Hypotaxen (Z. 9 ff.) und Parataxen (28 ff.); außerdem grammatikalisch unvollständige Sätze („Aber höchstens…“, Z. 36 ff). und Einwortsätze („Eben.“, Z. 21; „Heißt.“, Z. 31)
Fachbegriffe	„Flachdübelfräse“, Z. 21; „HT-Rohr … PP-Rohr“, Z. 35; „Rotationsgeschwindigkeit des Fräskopfes“, Zusatz unter dem linken Bild
Anrede	„Sie“: von Z. 7 an durchgehend

1 **Basisbotschaft:** Baumarkt-Kette Hornbach wirbt für ihre Filialen.
Nutzenbotschaft: Mit der Unterstützung der Profis von Hornbach (Vielfalt, Qualität, Service) kann man jede handwerkliche Herausforderung meistern und die Freizeit genießen
Nutzenbegründung: Größe der Filialen, Beispiele für Qualitätsprodukte, exemplarisches Beispiel für Beratung, Stammkunden, gesparte Kilometer, Angebote für die ganze Familie
Zielgruppe: intellektuell anspruchsvoll, witzig, souverän (→ sprachl. Merkmale, long copy), Sinn für schwarzen Humor (→ abgetrennter Finger), gutes Einkommen (→ Kö), versierter Heimwerker (→ Projekt, Fachbegriffe), aber auch ungeschickter Einsteiger (→ abgetrennter Finger, Fachbegriff fehlt)
Gestaltungsstil: überraschend, humorvoll, witzig, salopp, kompakt, harmonisch, informativ, technisch

► S. 22 **2** Die Anzeige folgt eher dem AIDA-Prinzip. Mögliches Flussdiagramm:

Attention
↓
Bild (Auto)
→ Headline (Widerspruch)
Interest
← Long Copy
Nutzen (Botschaft, Begründung) → **Desire** (effizient arbeiten, Profi bleiben/werden; Freizeit genießen)
↓
Action Claim: gesparte Zeit nutzen
Slogan: mithilfe von Hornbach aktiv bleiben/werden
Zusatzhinweis: weitere Informationen beschaffen

3 Untersuchendes Erschließen pragmatischer Texte Analyse einer Rede

Christa Wolf: Rede auf dem Alexanderplatz (1989)

► S. 25 **1** **a** **analysieren:** umfasst in Bezug auf eine Rede die Beschreibung und Berücksichtigung der Redesituation, die Klärung von Inhalt und Argumentationsaufbau sowie der Redeabsicht und die Untersuchung der sprachlichen Gestaltung;
b **rhetorische Gestaltung:** der Einsatz von rhetorischen Strategien der Beeinflussung sowie der sprachlichen Mittel;
c **besondere Berücksichtigung:** hier soll ein Schwerpunkt der Analyse liegen;
d **sich kritisch mit Textaussagen auseinandersetzen:** die Überzeugungskraft kritisch prüfen, eigene Argumente einbringen sowie einen eigenen Standpunkt formulieren und begründen.

2 Der Bearbeitungsschwerpunkt liegt beim ersten Aufgabenteil, dem Analyseauftrag.

► S. 26 **2** Christa Wolf befasst sich mit: Umbruchsituation in der damaligen DDR; (Sprach-)Verhalten der Menschen in dieser Situation; Ausdruck der Gefühle und Gedanken der Menschen zu diesem Zeitpunkt; neuen demokratischen Möglichkeiten, die sich auftun.

3 a/b

Anlass der Rede	**Wie greift die Rednerin diesen Anlass auf?**
Aufruf von Künstlerorganisationen der DDR zu einer genehmigten Demonstration	Christa Wolf betont die Legalität und Gewaltfreiheit der Demonstration (vgl. Z. 51); betont die Bedeutsamkeit und die Möglichkeiten der Stunde
Ort der Rede	**Welche Bedeutung hat der Ort?**
Ostberlin, Alexanderplatz	der zentrale Platz Ostberlins zu DDR-Zeiten, Verkehrsknotenpunkt → größtmögliche Öffentlichkeit; Ort verschiedener Demonstrationen und Kundgebungen im „Wendejahr" 1989 → steht als ein symbolischer Ort (neben anderen) für die „Wende"
Publikum	**Wie stellt die Rednerin sich darauf ein?**
500.000 bis 1 Mio. Menschen in politisch aufgeregter Stimmung	greift die Sprache und die Gefühle der breiten Bevölkerung auf; bezieht das Publikum durch Fragen, Wir-Form etc. mit ein; redet überwiegend in kurzen, prägnanten Sätzen, v. a. im zweiten Teil der Rede.

► S. 27 **4** Beispiel: In ihrer Rede am 4. November 1989 auf dem Alexanderplatz im damaligen Ostberlin vor einem Massenpublikum beschäftigt sich die Schriftstellerin Christa Wolf mit den Beobachtungen, die sie in diesem für die deutsche Geschichte historisch so bedeutsamen Moment beim zwischenmenschlichen und sprachlichen Verhalten ihrer Mitmenschen, der Bürgerinnen und Bürger der damaligen DDR, macht.

1 a **Erläuterung von Begriffen aus der aktuellen gesellschaftlichen Situation:** „Wende" (Z. 17–21): dazu bildhafte Assoziation (Segelboot), mit der deutlich gemacht wird, dass bei diesem Begriff das Volk (die „Mannschaft") eher reaktiv/passiv als aktiv erscheint; „Dialog" (Z. 28 f.): einerseits schon überforderter und andererseits in seiner Bedeutung, seinen Möglichkeiten doch noch nicht erfasster Begriff; „Wendehälse" (Z. 36–38): Rückgriff auf eine Lexikon-Erläuterung dieses Begriffs: Anpassung aus Eigennutz, daraus abgeleitete Kritik: Schaden für die Überzeugungskraft einer neuen Politik

Beschreibung von kommunikativen Prozessen: lautes Zurufen von bislang Unsagbarem/Verbotetem (Z. 6 ff.); intensives Reden miteinander, gekennzeichnet von den unterschiedlichsten Gefühlen (Z. 24 – 26); ambivalente Erfahrungen mit dem „Dialog" (Z. 27 – 29): u. a. Misstrauen, Ängste, Abrechnungen, Konfrontation, aber auch Ansätze von Humor

Beobachtungen zum Umgang mit bekannten und neuen Slogans: Wolf demonstriert die Fähigkeit/Sprachkompetenz der Bevölkerung, Losungen witzig und pointiert neu bzw. umzuformulieren und ihnen so eine zu der aktuellen Situation passende neue Bedeutung zu geben (z. B. statt „Vertrauen ist gut, Kontrolle ist besser" nun „Mißtrauen ist gut, Kontrolle noch besser" (Z. 31), „Rechtssicherheit spart Staatssicherheit" (Z. 42); kommentiert selbst diese neuen Slogans knapp mit Humor bzw. Ironie (z. B. „ein großzügiges Angebot", Z. 41, „Ökonomisch denken wir auch", Z. 41 f., „Und wir sind sogar zu existentiellen Verzichten bereit", Z. 42 f.); bietet selbst einen kurzen Reim, in dem das frühere Machtverhältnis provokativ umgekehrt wird (Z. 53 f.); hebt am Ende das selbstbewusste Bekenntnis zur Demokratie in „Wir sind das Volk" als wichtigsten Slogan hervor (Z. 57 f.).

b Die Befreiung der Sprache zeigt sich für Christa Wolf zum damaligen Zeitpunkt darin, dass nun offen über Demokratie geredet wird, dass die Menschen beginnen, frei und ungeschminkt miteinander zu reden und auch in der Öffentlichkeit den Mut haben, kritische politische Parolen und aktivierende Appelle zu äußern. Die Sprache beschränkt sich nicht mehr auf formalistische und vom Staat kontrollierte Aussagen, sondern dient wieder zum Ausdruck von Gefühlen, Wünschen und Träumen (vgl. Z. 43 – 45).

► S. 28 **2** Christa Wolf zieht den Begriff der „revolutionären Erneuerung" dem der Wende vor, weil bei diesem Begriff deutlicher wird, dass es das Volk ist, von dem die Veränderungen aktiv betrieben werden (vgl. Z. 22 – 24).
Für die Rednerin gibt es in der aktuellen Situation sowohl Hoffnungen als auch Befürchtungen, denn einerseits sieht sie, wie die „produktiven Kräfte" (Z. 15) bei den Menschen geweckt werden und „[g]roße soziale Bewegungen [...] in Gang [kommen]" (Z. 24). Sie ist überzeugt, dass alle um die einmalige Chance der Zeit wissen (vgl. Z. 34 f.), und traut den Menschen zu, dass sie diese Chance wahrnehmen (vgl. Z. 26 f., Z. 51 f.).
Andererseits sieht sie die Gefahr der „Unbesonnenheit" oder „Umkehrung von Feindbildern" (Z. 16 f.), sie beobachtet, dass es Zwiespälte gibt, die auch in Konfrontationen negative Folgen haben könnten (vgl. Z. 33 f.), und sie macht deutlich, dass eine positive Entwicklung sehr viel Kraft von allen fordern wird (vgl. Z. 49 f).
Christa Wolf hält zum damaligen Zeitpunkt eine grundlegende Änderung der gesellschaftlichen Ordnung innerhalb der DDR noch für möglich, wenn die Forderungen des Volks erfüllt, neue Rechte gesichert und daraus entsprechende Pflichten für die Regierenden abgeleitet werden (vgl. Z. 48). Dazu bedarf es ihrer Ansicht nach Untersuchungskommissionen, einer zuverlässigen Gerichtsbarkeit sowie einer Verwaltungsreform (vgl. Z. 48 f.).

1 a/b/c Wolf setzt hauptsächlich offene Strategien ein. Ihre Strategie besteht v.a. darin, zu beschreiben, was sie in der Bevölkerung sieht und hört, und damit der Bevölkerung einen Spiegel vorzuhalten. In diesem Spiegel werden die gemeinsamen Ziele offengelegt (3.): Es geht um Demokratie (Z. 9), um Rechtssicherheit (Z. 42, 48), um Reformen (Z. 49), um die Realisierung von lang gehegten Träumen (Z. 45). An vielen Stellen kann man Lob (7.) für das Verhalten der Menschen heraushören (vgl. z. B. Z. 39 – 45), die zugleich ermutigt (7.) werden, den eingeschlagenen Weg weiterzugehen (vgl. z. B. Z. 51 f.). Obwohl Wolf meistens nur das einfache Präsens wählt, können manche Beschreibungen auch als Mahnungen verstanden werden, die Zeit nicht ungenutzt verstreichen zu lassen (vgl. z. B. Z. 15 f.), sich nicht in Zwistigkeiten zu verlieren (vgl. z.B. Z. 34 f.), nicht träge zu sein, sondern Einsatz zu wagen (vgl. z. B. Z. 47 – 49). Wolf legt ihre Rede ganz auf Konsens an (10.) und verzichtet weitgehend auf kämpferische Strategien, sie beschränkt sich im Wesentlichen darauf, das Wir-Gefühl (1.) massiv zu stärken (das Pronomen „wir" wird ca. 30 Mal verwendet), während die Gegenseite nur am Rande in Erscheinung tritt, im Gegenteil, sie warnt sogar explizit vor einer „Umkehrung von Feindbildern" (Z. 16 f.) (3.). Umgekehrt bewertet sie es im Hinblick auf den allgemeinen Sprachgebrauch positiv, dass dieser sich wieder „Gefühlswörter" (Z. 45) bedienen darf. Die Emotionalisierung (8.) ihrer Rede hält sie in Grenzen. In der Weise ihrer Kommentierung des Zeitgeschehens unterstützt sie mit einem humorvollen und optimistischen Grundton die positive Aufbruchstimmung, ohne sie gefährlich anzuheizen.

► **S. 29** **2 a** 1. b), 2. e), 3. f), 4. a), 5. d), 6. c)
b/c/d

Rhetorisches Mittel	(weitere) Beispiele	Wirkung
Anapher	„mit dieser Leidenschaft, mit soviel Zorn und Trauer und mit soviel Hoffnung" (Z. 25 f.)	Nachdruck, Eindringlichkeit
Ellipse	„Sehen aber…" (Z. 46 f.), „Unglaubliche Wandlungen." (Z. 55), „Eine schlichte Feststellung." (Z. 58)	Prägnanz
Inversion	„Verblüfft beobachten wir …" (Z. 36); „*Sie* am meisten blockieren …" (Z. 38)	Betonung (v.a. des nach vorne gestellten Satzgliedes)
Metapher	Bild vom Segelboot (Z. 18 – 20); „Die Sprache springt aus dem Ämter- und Zeitungsdeutsch heraus" (Z. 43 f.)	Anschaulichkeit, Verdeutlichung
Paradoxon	„Die Führung zieht am Volk vorbei" (Z. 54)	Aufmerksamkeit
Parallelismus	„… was wir … und was wir…" (Z. 6 ff.); „wir drehen … Wir fürchten ... wir fürchten … Wir wissen …" (Z. 31 – 34)	Nachdruck, Eindringlichkeit
Ironie	„Ökonomisch denken wir auch […] wir sind sogar zu existentziellen Verzichten bereit" (Z. 41 – 43)	Aufmerksamkeit
Fragen	Z. 20 f.; Z. 47	Adressateneinbezug
Zitate	Z. 40 – 47 (z.T. in Anführungszeichen)	Adressateneinbezug, Anschaulichkeit

3 a Appelle kommen überwiegend in der indirekten Form von „Wollen"-Formulierungen vor, die sowohl beschreibend als auch auffordernd verstanden werden können, so in Z. 16–17 (die Chance nicht verschlafen und nicht vertun), Z. 26 („jeden Tag nutzen"), Schlussappell: „Die wollen wir nicht vergessen." (Z. 58) Als Appelle zu verstehen sind auch Z. 34 f. sowie Z. 49 f. zweimal wird durch ein Ausrufezeichen der Appell betont: („Was tun!", Z. 47 und „Und dazu noch Zeitung lesen!", Z. 49).

b Christa Wolf will mit ihrer Rede die demokratische Aufbruchbewegung in der damaligen DDR unterstützen. Sie will ihrem Publikum vor Augen führen, wie sich gerade im Sprachgebrauch neu gewonnene Freiheiten und weitergehende Forderungen äußern. Sie ermutigt die Menschen, die historisch einmalige Chance zu nutzen und sich für den demokratischen Wandel tatkräftig und uneigennützig einzusetzen.

► **S. 30** **1** Mögliche Ideen: die 68er-Bewegung (u. a. Enttabuisierung des Sprechens über Sexualität); Widerstand im Dritten Reich (z. B. Rhetorik der Flugblätter der Weißen Rose gegen die Nazi-Rhetorik); auch: Jugendsprache als Ausdruck des Aufbegehrens der jungen Generation gegen die ältere, dadurch Erneuerung, Entwicklung der Sprache u. a. m.

2 Beispiel:

Aussage/Zitat aus dem Text	sich daraus ergebende Fragen	mögliche Antworten
„Wir – sind – das – Volk!" (Z. 57) als wichtigster Satz	Gilt das auch heute noch?	In unserer Parteiendemokratie werden die Möglichkeiten der unmittelbaren Volksbeteiligung („Basisdemokratie") häufig als eingeschränkt erfahren.

► S. 31 **1** **a** Das Hilfsverb „sein" ist ausdrucksschwach („... *sind* die Sätze ..."), die Wiederholung von „wir" alleine macht noch nicht die Anapher aus, und „die Rednerin ... verbindet sich mit dem Publikum" klingt als Formulierung merkwürdig. – Auch im zweiten Satz wird das ausdrucksschwache Hilfsverb „sein" verwendet: „Der Schluss *ist* ...", außerdem klingt es schief/missverständlich, dass der Verfasser/die Verfasserin hier den Schlussappell auf sich (heute) bezieht („*Wir* sind ...").

b Verbesserungsvorschläge: Christa Wolf beginnt sehr viele ihrer Sätze mit dem Pronomen „wir" (z.B. Z. 5 ff.). Durch diese Anaphern betont sie nachdrücklich, dass sie sich als Teil der Bevölkerung fühlt, und sie bestärkt die Menschen in ihrem Gemeinschaftsgefühl. – Christa Wolf beendet ihre Rede mit dem Zitat des ihrer Meinung nach wichtigsten Slogans: „Wir sind das Volk." Sie fordert ihr Publikum auf, sich dieser (scheinbar) einfachen Aussage in all ihrer Bedeutung bewusst zu bleiben.

4 Erörterndes Schreiben
Lineare und dialektische Erörterung

► S. 32 **1**

Aufgaben-stellung	Fragestellung	linear	dialektisch
1.	Warum braucht der Mensch Tätigkeit, um glücklich zu sein?	x	
2.	Ist die Aussage für unsere Zeit noch gültig ?		x
3.	Wie können Kinder vor den Gefahren geschützt werden, die von den Inhalten des Internets ausgehen?	x	
4.	Gehen von den Inhalten des Internets Gefahren für die seelische Gesundheit von Kindern aus?		x
5.	Welche Indikatoren sprechen für ein Gefühl der digitalen Überforderung bei Menschen aus digitalisierten Ländern?	x	

► S. 33 **2** Die Themenstellung antwortet auf eine Entscheidungsfrage, die folgendermaßen lauten kann: Sind die Auswirkungen des Internets eher positiv oder negativ zu bewerten? Die Aufgabe muss in Form einer dialektischen Erörterung bearbeitet werden.

3 1. c), 2. a)+b), 3. b), 4. a)

4 **a** 1. Die „Netz-Enthusiasten" oder „Befürworter" verkünden ein „neues Goldenes Zeitalter". 2. Die „Netz-Skeptiker" oder „Zweifler" beklagen ein „dunkles Zeitalter".

b „Netz-Enthusiasten" sind Menschen, die alle Vorteile und Möglichkeiten, die das Internet bietet, nur positiv sehen und den Gefahren gegenüber die Augen verschließen. Netz-Skeptiker dagegen stellen v.a. die Gefahren, die vom Internet ausgehen, in den Mittelpunkt ihrer Betrachtungsweise.

► S. 35 **4** **a**

Frage	Konsequenz
Wie will ich meine Argumente anordnen?	Sanduhrprinzip: Die Unterpunkte für die eigenen Meinung gehören in die zweite Hälfte des Hauptteils (steigernd). Pingpong-Prinzip: Der Hauptteil endet mit einem Argument für die eigene Meinung.

► S. 36 **2** Der Text ist ungeeignet, denn er enthält bereits Grundgedanken für Argumente („verhaltensauffällige und hochnervöse Individuen") und ist z. T. zu salopp formuliert („Macht das Internet dumm?").

3 Mögliche Gedanken:

1. In vielen Familien entbrennt immer wieder Streit um den Zugang und die Nutzung des Internets ... So habe ich selbst im Alter von ...
2. Neue Technologien entfachen immer wieder fanatisch geführte Debatten ... Schon die Erfindung des Buchdrucks ... Spätestens mit dem Telefon sahen viele Kritiker die Kultur insgesamt in Gefahr, während Technikbegeisterte ...
3. Die Debatte um das Internet und dessen Nutzung wurde von Anfang an bestimmt von sehr konträren und scharf formulierten Standpunkten ... So stellt das Nachrichtenmagazin „Der Spiegel" in seiner Titelgeschichte ... z. B. die provokative Frage „Macht das Internet dumm?" ...

► S. 37 **4**

Gedanken	Textstelle	Themenbezug
klare Entscheidung pro/kontra nicht möglich	Z. 1 ff.	Aufgreifen der Themenfrage und Antwort
ideologisch gefärbte Debatte ineffizient	Z. 3 ff.	Appell an die Lesenden
Ideen für den Umgang mit dem Internet	Z. 7 ff.	Ausblick, Vorschläge

► S. 38 **2**

1. Als **Begründung** könnte dienen: ..., denn viele Formen der Darstellung von Gewalt sind im Internet unkontrolliert zugänglich; v. a. Kinder und Jugendliche werden – oft ungewollt (Gruppendruck) – in den Sog gezogen; dies ist eine entscheidende Phase in der Entwicklung eines individuellen Wertesystems; Gewaltanwendung wird als normal empfunden und verharmlost, z. B. als einziges Mittel der Konfliktlösung oder als „Belustigung";
2. Passendes Beispiel für **Stützebene:** happy slapping („lustiges Schlagen")

3

1. **Behauptung:** Die Digitalisierung des täglichen Lebens behindert die face-to-face-Kommunikation und erschwert soziales Lernen. **Begründung:** Internetplattformen ersetzen direkte Kontakte, „Freunde" (auch Konflikte) sind „an- und abschaltbar", Emoticons als Ersatz für nonverbvale Kommunikation erschweren das Erlernen von Empathie.
2. **Stützebene:** Jüngere Forschungsergebnisse beweisen, dass das so genannte Multitasking ein Wunschtraum ist und der Versuch zu verlangsamten Denkprozessen und einer zunehmenden Fehlerhäufigkeit führt.

5 Erörterndes Erschließen pragmatischer Texte Analyse der Argumentation eines Sachtextes und kritische Stellungnahme

Walter Schmidt: Neue Normen (2008)

► S. 41 **1**

1. gedanklicher Zusammenhang: die Art und Weise, wie die einzelnen Gedanken aufeinander aufbauen
2. Verwendung der Komposita: welche gegensätzlichen Positionen mit den unterschiedlichen Wortbildungen ausgedrückt werden
3. sich kritisch auseinandersetzen: eine Aussage bewerten, indem man (neben dem im Text entwickelten Gedankengang) eigene Positionen erläutert, mit Argumenten und Beispielen stützt und dabei zu einem abschließenden Fazit gelangt

► S. 42 **3**

Folgende Passagen könnten Sie (neben den beispielhaft genannten) markieren:
„Werte können überhaupt nicht zerfallen." (Z.17): Wertewandel vs. Werteverfall
„Erziehung zum Werten" (Z. 41 f.): Gegenposition
„Soziologen stellen fest, dass sich die Werteskala verschiebt." (Z. 36): veränderte Präferenzen
„In einer hoch ausdifferenzierten Gesellschaft gibt es plurale Lebensformen." (Z. 49): keine Verbindlichkeit
„Wer ... zu eigenen Werturteilen gelangen darf, verankert diese ..." (Z. 54 f.): individuelles Wertesystem

5 Der Inhalt könnte wie folgt strukturiert werden:

Abschnitt	Zeilen	stichwortartige Zusammenfassung
1	1–12	öffentliche Diskussion zum Thema Werteerziehung in der Schule
2	13–29	Werteverfall vs. Wertewandel
3	30–35	Wissenschaftler lehnen Werteerziehung in der Schule ab
4	36–45	Erziehung zum Werten statt Erziehung zu Werten
5	46–53	Forderung nach Werteerziehung als Ausdruck von Verunsicherung
6	54–65	individuelles Wertesystem durch Fähigkeit zum Bewerten

► S. 43 **1**

Endpunkt z. B.: Wissenschaftler sehen in einer pluralistischen Gesellschaft die Erziehung zum Werten als Voraussetzung für die Orientierung durch ein individuelles Wertesystems.

2 Die Komposita haben folgende Bedeutung:

Begriff	Zeile	Bedeutung
Werteschwund	11	Klage vieler Deutscher: Mangel an vermittelten Werten in der schulischen Erziehung
Werteverfall Wertezerfall	26 28	Kritiker: Ursache ist fehlendes Angebot an Werten
Wertepluralismus Wertewandel Wertevielfalt	28, 31 40 52	Soziologen: Nebeneinander unterschiedlicher Werte mit veränderlichem Stellenwert in einer pluralistischen Gesellschaft
Wertekonflilkte	31	individuelle Orientierung nötig, aber schwierig
Werteerziehung	56	Forderung: Erziehung zum Werten statt zu Werten

► S. 44 **3** Die Thesen werden wie folgt untermauert:

These	Argument	Stützeebene (Beispiel, Beleg, Zitat)
„Werte können überhaupt nicht zerfallen." (Z. 17)	Sie bekommen nur einen anderen Stellenwert.	Beispiel Bankkauffrau
„Die Schule soll nicht zu Werten erziehen" (Z. 30)	In einer pluralistischen Gesellschaft kann es keine verbindlichen Werte geben.	Hose mit Bügelfalten vs. Jeans
„Erstrebenswert sei deshalb eine Erziehung zum Werten." (Z. 41 f.)	Schüler sollen zur Entwicklung eines individuellen Wertesystems befähigt werden.	Chemieunterricht

4 Folgende Bereiche könnten genannt werden: Generationenkonflikte (Familie, öffentliches Leben), Politik (z. B. Diskussion über Religionsunterricht in der Schule), Ausbildung und Beruf (traditionelle Normen des Auftretens) etc.

1 Die Thesen des Textes könnten wie folgt kommentiert werden.

	eigene Haltung
1	Die Forderung erscheint mir zu undifferenziert, denn es gibt auch in einer pluralistischen Gesellschaft Werte, die in der Erziehung vermittelt werden sollten, z.B. die Grundwerte der Demokratie, welche in der Verfassung verankert sind. Das Beispiel „Hose mit Bügelfalte" vs. „Jeans" ist m. E. zu banal, um die Forderung wirkungsvoll zu untermauern.
2	Die Aussage ist in Grenzen realistisch, denn das Lernen in der Schule sollte die Befähigung zum Werten beinhalten. Aber nicht jeder Lernvorgang ist geeignet, die Urteilsfähigkeit zu festigen …
3	Die Aussage überzeugt mich, denn Werte können nicht losgelöst von einem Sinn gelebt werden …

► S. 45 **1** Die Gliederungspunkte kommen in folgende Reihenfolge: 4, 5, 1, 3, 2

► S. 46 **2** zu 1.: Er möchte damit zum Ausdruck bringen, dass die Vermittlung eines Wertekanons den Prinzipien unserer modernen pluralistischen Gesellschaft widerspricht, in der die Aufgabe der Schule nicht darin bestehen kann, für alle verbindliche Werte festzulegen. Vielmehr soll sie die Schülerinnen und Schüler durch die „Erziehung zum Werten" befähigen, Orientierung in einem individuellen Wertesystem zu finden.
zu 2.: Damit ist gemeint, dass in einer demokratischen Gesellschaft alle Bürgerinnen und Bürger das Recht haben, ihre Lebensform individuell zu wählen – ein Grundzug einer pluralistischen Gesellschaft, in der es keinen verbindlichen Wertekanon geben kann. Die Menschen müssen daher aus einer Vielfalt an Werten die für sie gültigen wählen, was mitunter zu Konflikten führen kann.
zu 3.: Das bedeutet, dass ein Wert, der ohne eigene Akzeptanz nur durch äußeren Druck von einem Individuum verinnerlicht, d. h. als gültig übernommen wurde, nicht Teil eines individuellen Wertesystems wird. Vielmehr gilt er nur so lange als Richtschnur für das Handeln, wie der äußere Druck erhalten bleibt. Hat sich das Individuum dagegen durch ein eigenes Urteil für einen Wert entschieden, so wird dieser zum Prinzip seines Handelns erhoben.

Susanne Gaschke: Mitmachen? Warum nicht! (2010)

► S. 48 **1** Für die Lösung sind folgende Kompetenzen wichtig: 1., 3., 4., 5., 8., 12., 13.

► S. 49 **1** **Ausgangspunkt:** Die „Politikverdrossenheit" der Bürgerinnen und Bürger im öffentlichen Diskurs;
5.9 **Endpunkt:** Eine stabile Demokratie muss auch bei (phasenweiser) Nichtbeteiligung (eines Teils) ihrer Bürgerschaft funktionieren.

2 Beispiele: Politiker beklagen die Politikverdrossenheit großer Teile der Bevölkerung; nach Wahlen werden die Motive der größer werdenden Gruppe von Nichtwählern diskutiert; Parteien thematisieren ihren Nachwuchsmangel; Medien differenzieren zwischen Politik- und Politikerverdrossenheit; Lehrkräfte versuchen Schülerinnen und Schüler von der Wichtigkeit der Teilnahme am politischen Leben zu überzeugen.

6 Untersuchendes Erschließen literarischer Texte Analyse und Interpretation eines Prosatextes

Gabriele Wohmann: Der Rivale (2006)

► S. 51 **1** Alles ist anzukreuzen bis auf: 4., 5., 10.

► S. 52 **1** Autor: Gabriele Wohmann; Titel: Der Rivale; Textsorte: Kurzgeschichte; Erscheinungsdatum: 2006; Thema: Kommunikation zwischen zwei Verliebten

2 **a** Mögliche Leseeindrücke: Ruodi zeigt nicht, dass er Simone liebt; er ist cool; Simone kann auch nicht offen über ihre Gefühle sprechen; Eifersuchts-„Intrige“ zahlt sich nicht aus, sondern verkehrt sich ins Gegenteil; beide sind dann zu stolz, offene Worte zu sprechen; gestörte bzw. nicht vorhandene Kommunikation.

b These 1 bleibt zu sehr auf der Inhaltsebene; These 2 kann auf ganz viele Geschichten passen; These 3 ist insgesamt in Ordnung, aber etwas zu allgemein.
Mögliche Alternativthese: In der Kurzgeschichte „Der Rivale“ von Gabriele Wohmann, erschienen im Jahr 2006, geht es um die Wichtigkeit ehrlicher und offener Kommunikation, da sich sonst Gefühle ins Gegenteil verkehren können.

► S. 53 **1**

Person	Charakter	Belege
Simone	verliebt in Ruodi will Ruodi eifersüchtig machen spricht nicht offen über ihre Gefühle, unreif	„Sie war von den Haarwurzeln bis zu den Zehen in Ruodi verliebt“ (Z. 6 ff.) „Ich bin mit ihm verlobt, obwohl er bis jetzt noch verheiratet ist.“ (Z. 15) „Wenn nur eben das hier nicht wäre.“ (Z. 2 f.)
Ruodi	findet Simone gut reagiert verärgert auf die Neuigkeiten konsequent auch er spricht nicht offen über seine Gefühle	„Ruodis Angebetete“ (Z. 62) „Warum kriege ich eigentlich diesen ganzen Schlamassel erst jetzt zu hören?“ (Z. 33 f.) „… verblüfft über Ruodis Bitte …“ (Z. 60) „Ruodi sagte: Der Bus kommt.“ (Z. 26)
Fazit: Simone denkt, Ruodi würde sie mehr lieben, wenn sie die Intrige mit der erfundenen Verlobung erfindet; doch das hat genau den gegenteiligen Effekt. Ruodi verhält sich konsequent und trifft sich nicht mehr mit Simone; er glaubt dem, was sie sagt. Es stellt sich die Frage, wer in der Geschichte die größere Reife besitzt, denn beide haben einen gemeinsamen Mangel: Sie sprechen nicht offen über ihre Gefühle und so ergeben sich die ganzen Missverständnisse, die für die Beziehung der beiden fatale Konsequenzen haben.		

► S. 54 **2** **wichtige sprachliche Aspekte:**
keine Anführungszeichen („Sie sagte ernst: Wenn nur …“, Z. 2 f.): Beschreibung und Dialoge verwischen miteinander; verstärkt den Eindruck, dass zwischen den beiden eigentlich keine wahre Kommunikation stattfindet.
neutrale, reduzierte Sprache; keine Ausschmückungen: spiegelt die Beziehung der beiden zueinander wieder; auch hier scheint keine Offenheit und Freude zu herrschen; alles ist nüchtern und grau.
Geschichte spielt in der Dämmerung und Dunkelheit („Es war Nacht geworden“, Z. 29): Auch die Beziehung ist grau, schwarz, farblos.
wichtige formale Aspekte: unvermittelter Einstieg („Simone hielt Ruodi ihre …“, Z. 1): Merkmale der Kurzgeschichte, flache Charaktere, ein Handlungsstrang

► S. 55 **1** vgl. S. 52, Aufgaben 1 und 2.

2 Simone und Ruodi sitzen gemeinsam an einer Bushaltestelle, als Simone Ruodi ihren Verlobungsring zeigt und ihm erzählt, sie sei mit einem noch verheirateten Mann verlobt. Ruodi reagiert sehr verhalten auf diese Nachricht. Die beiden steigen in den Bus und fahren nach Hause. Zum Abschied gibt Ruodi wie immer Simone einen Kuss, doch sie reagiert zurückhaltender als sonst. Ein paar Tage später fragt Ruodi Evi, ob sie mit ihm zu einem Dia-Vortrag gehen wolle. Er erzählt Evi auf deren Nachfrage hin, dass Simone schließlich verlobt sei. Er ahnt nicht, dass Simone ihn nur eifersüchtig machen wollte und dass sie sich den Ring nur von ihrer Mutter ausgeliehen hat. Eine Verlobung und einen anderen Mann gibt es gar nicht.

► S. 56 **1** Beispiel für eine These: These 1: Simone ist eine unreife junge Frau, die denkt, dass sie mit einer Eifersuchtsstrategie den Mann, in den sie verliebt ist, enger an sich binden kann. (These) Wie sehr sie ihn liebt, erkennt man daran, dass sie ihre Liebe für ihn als einen „GAU" (Z. 10) bezeichnet. Sie lobt sich zwar „für ihre Taktik" (Z. 40), doch sie merkt viel zu spät, dass ihre Strategie nicht aufgeht. (Beleg) Ruodi reagiert nicht so, wie sie es sich erhofft. Als Leser fragt man sich, warum sie ihm nicht einfach ihre Liebe gesteht. Die beiden erwecken sowieso den Anschein, ein Paar zu sein, da sie sich normalerweise zum Abschied immer länger küssen. Simone könnte also offen mit ihrem Freund sprechen. So bleibt der Eindruck, dass Simone unreif ist und nicht in der Lage, wie eine Erwachsene mit ihrem Freund zu kommunizieren.

3 Der Schluss ist v. a. sprachlich nicht angemessen. Wenn man den Stil ändern würde und pointierter schreiben würde, könnte er verwendet werden.

7 Untersuchendes Erschließen literarischer Texte Analyse und Interpretation eines dramatischen Textes

Gotthold Ephraim Lessing: Emilia Galotti (1772) – III/5

► S. 59 **1** Interpretieren; Einordnen in Gesamtzusammenhang; Charakterisierung des Prinzen; Konflikt Emilias

2 Der Prinz heuchelt und umschmeichelt Emilia; er ist nicht ehrlich; er versucht, sie von falschen Tatsachen zu überzeugen; er spielt den Guten, obwohl er der Böse ist; Emilia traut der Sache nicht.

7.2 **1** Autor: Gotthold Ephraim Lessing; Titel: Emilia Galotti; Textsorte: Bürgerliches Trauerspiel (Drama); Erscheinungsdatum: 1772; Thema: Bürgertum gegen feudale Obrigkeit (Prinz interessiert sich für Bürgerstochter und versucht sie zu verführen; Bürgerstochter handelt im Sinne der Aufklärung; kann ihre Ehre jedoch nur durch den Tod retten)

► S. 60 **3**

Charaktereigenschaft des Prinzen	Beleg
berechnend (entschuldigt sich, obwohl es ihm vermutlich gar nicht leid tut) heuchlerisch, beschwichtigend egoistisch und nur von seinen eigenen Interessen geleitet, Lügner, spiegelt Emilia falsche Tatsachen vor	„Mein Betragen diesen Morgen ist nicht zu rechtfertigen …" (Z. 16) „Geben Sie mir Ihren Arm und folgen Sie mir getrost." (Z. 7) „Ich hätte Sie … beunruhigen sollen" (Z. 17 f.) „… von dem ich keinen Vorteil … habe." (Z. 18); „Auch ward ich … bestraft." (Z. 18 f.); „Zufall" (Z. 20, 21); „Folgen Sie uns, Marinelli." (Z. 29)
Fazit: Der Prinz ist ein von seinen eigenen Interessen geleiteter, egoistischer Feudalherr, der sich über den Willen anderer Menschen skrupellos hinwegsetzt. Um sein Ziel zu erreichen und seine Bedürfnisse zu befriedigen, ist er willens, über Leichen zu gehen.	

► S. 61 **4** Der Konflikt Emilia Galottis besteht darin, dass sie sich zwischen dem Prinzen und dem Tod entscheiden muss. Entscheidet sie sich für das Leben, bedeutet es, dass sie nicht mehr gemäß den Werten und Idealen des Bürgertums lebt. Wenn sie diesen Werten treu bleiben möchte, gibt es nur eine Wahl für sie: den Tod. Emilia ist sich dieses Konflikts bewusst. Man kann dies daran erkennen, dass sie zunehmend dem Prinzen misstraut und sich mehr und mehr sträubt. Die Erkenntnis kommt Emilia aber erst im Laufe des Auftritts. Anfangs ist sie noch „unentschlossen" (Z. 8) und weiß nicht so recht, ob sie den Aussagen des Prinzen glauben kann/soll, doch dann erkennt sie ihre Lage. Als der Prinz sie letztendlich wegbringen möchte, geht sie „nicht ohne Sträuben" (Z. 28) mit. Sie hat ihre aussichtslose Lage erkannt. Man kann also sagen, dass es sich hier um den Höhepunkt des Trauerspiels handelt, da hier der Konflikt voll entfaltet ist. Außerdem handelt es sich um die einzige gezeigte Begegnung zwischen dem Prinzen und Emilia im ganzen Stück.

► S. 62 **1** These 1: Der Prinz ist ein Heuchler, der Emilia durch schöne Worte täuschen möchte. Man kann dies sehr gut in Zeile 7 erkennen, wo er sagt: „Geben Sie mir Ihren Arm und folgen Sie mir getrost." Er tut an dieser Stelle so, als sei Emilia bei ihm in sicheren Händen und als könne sie ihm bedenkenlos vertrauen. Fast väterlich mutet sein Verhalten hier an. Doch man sieht an dieser Stelle auch, dass seine Strategie, Emilia durch schöne Worte und große Bekenntnisse („Mein Betragen diesen Morgen ist nicht zu rechtfertigen", Z. 16) von seiner Güte zu überzeugen, scheitert. Emilia durchschaut ihn. Und so bleibt er nichts weiter als ein armseliger Heuchler.

► S. 63 **1** Die erste Einleitung ist nicht zu gebrauchen, da sie zu flapsig formuliert und zu wenig abstrakt ist. Die zweite Einleitung ist brauchbar.

2 Emilia ist eine Bürgerstochter; der Prinz hat ein Auge auf sie geworfen, nachdem er seiner vorherigen Geliebten, der Gräfin Orsina, überdrüssig geworden ist; Emilia ist dem Grafen Appiani versprochen; der Kammerherr des Prinzen, Marinelli, schmiedet einen Plan, die Kutsche des Grafen und Emilias auf dem Weg zur Hochzeit zu überfallen; Emilia wird nach dem Überfall auf das Lustschloss des Prinzen gebracht.

► S. 64 **3** Die vorliegende Textstelle beschreibt die Begegnung zwischen Emilia und dem Prinzen, nachdem die Kutsche von Emilia und dem Grafen Appiani überfallen worden ist. Emilia wurde zum Lustschloss Dosalo gebracht, wo ihr nun der Prinz gegenüber tritt. Emilia erkundigt sich über den Verbleib ihrer Mutter. Der Prinz versichert ihr, alles sei in Ordnung. Er entschuldigt sich bei ihr für sein aufdringliches Verhalten in der Kirche und geht mit Emilia ab, um sie in eine freundlichere Umgebung zu bringen, und trägt Marinelli auf, ihnen zu folgen, was der Diener als gegenteiligen Befehl deutet.

4 Appiani ist tot; die Eltern Emilias kommen zum Schloss; ebenfalls Orsina. Orsina und Emilias Vater sprechen miteinander; Odoardo soll nach Willen Orsinas den Prinzen töten; Emilia erkennt, dass sie ihre Ehre nur durch den Tod retten kann, und überzeugt ihren Vater, sie zu erdolchen.

2 Falscher Charakter des Prinzen wird deutlich; sein Plan scheint aufzugehen; Emilia erkennt den Konflikt, in dem sie sich befindet und ihre Entscheidung für den Tod scheint langsam zu reifen; Höhepunkt des Dramas in dieser Szene.

8 Untersuchendes Erschließen literarischer Texte Analyse und Interpretation eines Gedichtes

Rainer Maria Rilke: Zum Einschafen zu sagen (1900)

► S. 66 **1** ein Gute-Nacht-Lied; das lyrische Ich möchte seine Geliebte beschützen; könnte auch ein Kind sein; Beschützer-Instinkt; aber auch ein Anklang von Egoismus; das Gedicht könnte von einen Vater handeln, der am Bett seines Kindes sitzt, um ihm beim Einschlafen zuzusehen. Er möchte vielleicht den Schlaf des Kindes beschützen.

► S. 68 **1** Autor: Rainer Maria Rilke; Titel: Zum Einschlafen zu sagen; Textsorte: Gute-Nacht-Gedicht; Erscheinungsdatum: 1900; Thema: lyrisches Ich „singt" Kind/Geliebte in die Nacht und wacht über dessen/deren Schlaf

2 Das Gedicht „Zum Einschlafen zu sagen" von Rainer Maria Rilke, erschienen im Jahr 1900, handelt von einem lyrischen Ich, das den Schlaf der Geliebten bewacht.

8.3 **1** Gute-Nacht-Lied; Egoismus des lyrischen Ichs; Beschützer; Sicherheit; Geborgenheit; Macht; umfassender Schutz; umfassendes Wissen; Liebe

► S. 69 **2** Beispiele für Auffälligkeiten:

Auffälligkeit	Beleg	Funktion
von „jemand" zu „ich"	„bei jemandem sitzen und sein" (V. 2) „Ich möchte dich wiegen und kleinsingen" (V. 3)	wie bei einem Film zoomt das lyrische Ich langsam heran
Kreuzreime		Liedcharakter
parallele Satzenden	„sitzen und sein" (V. 2)/„schlafaus und schlafein" (V.4)/„herein und hinaus" (V. 7)	wirkt beruhigend durch die Regelmäßigkeit
häufige Verwendung des Pronomens „ich"		das lyrische Ich wirkt egoistisch, da der Schutz ausschließlich vom „ich" ausgehen soll
Personifikation der Uhren	„Die Uhren rufen sich schlagend an" (V. 9)	
Trias	„in dich, in die Welt, in den Wald" (V. 8)	zeigt das Umfassende
Enjambement und Alliteration	„Und möchte **h**orchen **h**erein und **h**inaus / in dich …" (V. 7 f.)	erzählender Charakter; lautmalerisch wird Horchen unterstrichen
Alliteration	„wenn ein **D**ing sich im **D**unkel bewegt" (V. 16)	betont den Störfaktor
Parallelismus	„… fremder Mann / … fremden Hund" (V. 11 f.)	betont die Einheit, die das lyrische Ich mit der geliebten Person bildet

3 1. These: Das lyrische Ich vermittelt dem Leser ein Gefühl von Ruhe und Geborgenheit, denn es möchte der geliebten Person Schutz gewähren, indem es immer da ist („schlafaus und schlafein", V. 4). Diesen Eindruck erhält man auch dadurch, dass das Gedicht sehr viel Ruhe vermittelt. Es gibt durchweg Kreuzreime, keine aufgeregten anderen Reimformen und das Lied „erzählt" mehr von den Wünschen des lyrischen Ich.

2. These: Man merkt an der Art, wie das lyrische Ich spricht, dass es für das „du" große Liebe und Zuneigung empfindet, denn es will die geliebte Person vor „Ding(en)" beschützen, die sich im „Dunkel" (V. 16) bewegen, vor fremden Männern und fremden Hunden (V. 11, 12). Gleichzeitig möchte es die ganze Zeit über den Schlaf der Person wachen, da sein, wenn die geliebte Person einschläft und wenn sie aufwacht (V. 4). Es möchte die Person „wiegen" und „kleinsingen" (V. 3). Solche Dinge tut man vermutlich wirklich nur, wenn einem jemand sehr viel bedeutet.

3. These: Den Beschützerinstinkt erkennt man daran, dass das lyrische Ich schon fast egoistisch wirkt, denn es möchte „der Einzige" (V. 5) sein, der für den Schutz zuständig ist. Ebenfalls wird dieser Wunsch sehr klar durch die Wiederholung von „ich möchte" in Vers 1, 3, 5 und abgewandelt in Vers 7. Nur das lyrische Ich will zuständig sein, sonst lässt es niemanden zu.

► S. 70 **1** Das Gedicht „Zum Einschlafen zu sagen " wurde von Rainer Maria Rilke verfasst. Es handelt sich um ein Gute-Nacht-Gedicht. Das lyrische Ich beschreibt darin, wie es eine geliebte Person beschützen und über ihren Schlaf wachen möchte.

8.5 **1** These 3: Das lyrische Ich hat einen ausgeprägten Beschützerinstinkt, wie ihn vielleicht nur ein Elternteil haben kann.
These 4: Die Grundstimmung ist eine der Ruhe und der Geborgenheit.
These 5: Der Leser zoomt immer dichter in die Szene hinein, bis nur noch von den Augen des lyrischen Ich die Rede ist. Dadurch wird das Gedicht immer inniger und intensiver.
Schluss: Die wichtigste Aussage des Gedichtes ist meiner Meinung nach, dass das lyrische Ich einen Beschützerinstinkt hat, einen uneingeschränkten und selbstlosen Willen, jemand anderem Schutz zu gewähren, wie dies nur ein Vater oder eine Mutter haben kann. Insgesamt finde ich, dass das Gedicht aus diesem Grund eine ungemeine Ruhe und Geborgenheit ausstrahlt, von der man sich beruhigen lassen kann. Es herrscht eine Innigkeit, in die man sich nur fallen lassen kann.

9 Gestaltendes Erschließen literarischer Texte Aufgabengeleitetes und produktives Verstehen eines Prosatextes

Julia Franck: Mit nichts, dir nichts (2000)

► S. 74 **1** Aufgabenteil 1: 1., 3., 4., 8.; Aufgabenteil 2: 2., 5., 6., 4.; nicht erforderlich: 7.

9.2 **1**
a deprimierend, traurig, verzweifelt
b Die Geschichte handelt von Emily und der Ich-Erzählerin, die beste Freundinnen sind. Emily geht zur Ich-Erzählerin, um Trost bei ihr zu finden, da ihr Freund Paul die Nacht nicht bei sich zu Hause verbracht hat. Was sie nicht weiß, ist, dass Paul bei der Ich-Erzählerin war und eine Affäre mit ihr hat. Die Ich-Erzählerin würde Emily gerne loswerden, diese jedoch ist völlig verzweifelt. Die Ich-Erzählerin hofft, dass Emily ihr nicht auf die Schliche kommt.
c Zeitstruktur: Erzählzeit dominiert gegenüber der erzählten Zeit:, d.h., man hat es hier eher mit Zeitdehnung v. a. im Mittelteil zu tun. Die Ich-Erzählerin erzählt detailliert Emilys Reaktion auf die Tatsache, dass Paul nicht zu Hause war („... stürzt auf mich zu, schluchzt und klammert sich an mich, und ich weiß nicht, wie fest ich sie halten soll ...", Z. 14 f., und andere Stellen in diesem Abschnitt), ruft sich die Nacht ins Gedächtnis („ ... sie wird Paul unter meinen Haaren riechen, seine Nacktheit, seine Lust ...", Z. 28 f.) und reflektiert die Tatsache, dass Paul und sie nicht an Emily gedacht haben („Wir hatten Emily vergessen." Z. 20). Gleichzeitig sucht sie verzweifelt nach Spuren der Nacht („Mit den Augen suche ich den Raum ab – eine Sonnenbrille, ein Feuerzeug, ein Gegenstand, der mir nicht auffällt, aber ihr –, ob es eine Spur seiner Anwesenheit gibt." Z. 40 ff.; „Ich versuche die zweite Tasse zu entdecken, seine, oder meine, die einer von uns benutzt und irgendwo abgestellt haben wird." Z. 49 ff.) und wie sie sie verwischen kann („Ich mache einen großen Schritt zur Seite, stelle meinen nackten Fuß auf den Schnipsel und drehe mich zu Emily um." Z. 55 ff.).
Hypotaktische Sätze: viele lange Schachtelsätze, die den Gedankenwirrwarr der Ich-Erzählerin deutlich machen; parataktische Sätze: wenn ein Satz parataktisch ist, hat er eine besondere Aussage: „Wir hatten Emily vergessen." (Z. 20)
In den dialogischen Anfang- und Endpassagen entspricht die Erzählzeit weitgehend der erzählten Zeit (Zeitdeckung).

► S. 75 **2**

	Informationen über die Figur/Eigenschaften	**Belege/sprachliche Mittel**
Emily	liebt ihren Freund Paul verzweifelt, da Paul nicht zu Hause war über Nacht naiv (?); erkennt nicht, was eigentlich los ist wie ein kleines Mädchen schmal und zart ungepflegt melodramatisch, nimmt das schlimmste an kann die Ich-Erzählerin gut leiden völlig verzweifelt	 „ihre Stimme ist leise“ (Z. 12); „Emily schluckt ...“ (Z. 13) „ihre knochigen, kleinen Finger“ (Z. 45) „die kurzen, klebrigen Haare“ (Z. 16) „Weiß nicht.“ Sie schluchzt. (Z. 72)
Ich-Erzählerin	hat schlechtes Gewissen kann mit der Situation nicht umgehen versucht Beweise zu vertuschen liebt Paul nicht, fühlt sicher eher nur sexuell von ihm angezogen fühlt sich abgestoßen von Emily	„Ich möchte mir die Ohren zuhalten“ (Z. 73) „Ich versuche die zweite Tasse zu entdecken, seine, ...“ (Z. 49 f.) „... und unweit davon liegt ein roter Schnipsel. Es dauert eine Sekunde, bis ich weiß, ... stelle meinen ... Fuß auf den Schnipsel ...“ (Z. 52 ff.) „Ich möchte mir die Ohren zuhalten“ (Z. 73)
Paul	zärtlich/skrupellos (?)/Teetrinker	

3

	Was sagt/denkt die Figur?	**Belege/sprachliche Mittel**
Emily	Wir erfahren nichts direkt über Emilys Gedanken, können aber Schlüsse ziehen. Emily ist krank vor Sorge um ihren Freund, weil er nicht nach Hause gekommen ist. Sie weint, schluchzt; klammert sich an das Hemd der Ich-Erzählerin. Sie ist ein Häuflein Elend	Wiederholungen: „zerrt“ (Z. 15) Alliterationen: „Schnüffeln ... Schniefen“ (Z. 23) „Emily schluckt, ... stürzt auf mich zu, schluchzt und klammert sich an mich, ...“ (Z. 13 ff.) „... ihr Schluchzen wird leise, immer leiser, so leise ... (Z. 17 f.)
Ich-Erzählerin	Die Ich-Erzählerin versucht, Emily zu trösten, verharmlost die Situation, macht Emily einen Tee, ist nett zu ihr Gedanken: Sie möchte Emily gerne loswerden. Sie hat panische Angst, dass Emily alles durchschauen könnte. Sie erinnert sich an die vergangene Nacht mit Paul. Sie ekelt sich vor Emily und fühlt sich von ihr abgestoßen.	„... frage sie, ob sie einen Tee trinken will ...“ (Z. 68 f.) „Ich möchte mir die Ohren zuhalten.“ (Z. 73) „Emily würde ihn riechen können, sie würde ihn riechen müssen ...“ (Z. 20 f.) „... sie wird ahnen, wie wir uns gewunden haben ...“ (Z. 30) sprachliche Mittel: Personifikationen: „Rauch kriecht“ (Z. 17); „seine Lippen haben mit meiner Haut geflüstert“ (Z. 19 f.); Vergleiche: „wie unsere Körper sich ineinanderbissen“ (Z. 30 f.); drastische Wörter: „krallt“ (Z. 67), „bohren“ (Z. 69), „schmiert“ (Z. 34); Kontraste: Körper winden sich; Würmer winden sich (Z. 24 ff.)

► S. 76 **5**

Erzählperspektive	Ich-Perspektive; viele Gedanken, Assoziationen, Gefühle und Einstellungen der Ich-Erzählerin werden mitgeteilt
Handlungsgeschehen	es passiert eigentlich nicht viel; alles spielt sich in der Wohnung der Ich-Erzählerin ab; Haupthandlung ist die Unterhaltung
Redeart (direkt/indirekt/ erlebte Rede/innerer Monolog)	wenig direkte Rede; wir erfahren sehr viel von den Gedanken der Erzählerin, viele innere Monologe; bei der Ich-Erzählerin ist fast ständig Innensicht vorhanden; von Emily erfahren wir, wie es ihr geht, durch das, was sie sagt

Gründe: Durch die Innensicht kann den Lesern viel über Verwirrtheit der Ich-Erzählerin vermittelt werden. Jedoch hat man nicht unbedingt Mitleid mit ihr, obwohl man dies normalerweise erreicht, wenn man aus der Perspektive der Ich-Erzählerin die Geschichte vermittelt bekommt. Dadurch stellt sich beim Lesen ein Befremden ein.

► S. 78 **4** Schritt 1 ist in Ordnung; Schritt 2 mag typisch männliches Verhalten darstellen (konfliktscheu), die Ich-Erzählerin sollte aber nicht darauf eingehen; Schritt 4 passt vielleicht nicht ganz zu Paul, so wie wir ihn uns vorstellen, aber wer weiß. In der Anlage, wie hier in der Aufgabe beschrieben, ist die Geschichte sehr schnell vorbei, sodass man als Schreibender nicht unbedingt viel Textkenntnis beweisen kann. Daher ist von dieser Variante eher abzuraten.

10 Rechtschreibung, Zeichensetzung, Grammatik, Zitieren

► S. 80 **1** **a/b** Das Verflixte dieses Jahres • Die traurige Geschichte von drei englischen Ladys • Ein Hoch dem Erdapfel • Über das Intrigieren fremder Wörter • Wo beginnt der Mittlere Osten • Die maßlose Verbreitung des Mäßigen • Von der deutschlandweiten Not, amerikafreundlich zu sein • Lauter Erbauliches über laut • Zum Einfrieren ungeeignet? • Kein Halten mit Halt?

2 **Historisches/Persönlichkeiten:** der Zweite Weltkrieg, der Alte Fritz, Ludwig van Beethoven, Walther von der Vogelweide, die Goldenen Zwanziger
bedeutende Institutionen: das Deutsche Rote Kreuz, die Rheinisch-Westfälisch Technische Hochschule Aachen, die deutschen Parteien, der Deutsche Bundestag in Berlin, der Börsenverein des Deutschen Buchhandels, der Allgemeine Deutsche Automobilclub
Urlaubs- oder Ausflugsziele: die Mecklenburgische Seenplatte, das Jüdische Museum in Berlin, die Ostfriesischen Inseln, die Holsteinische Schweiz, das südliche Deutschland
regionale Souvenirs: der ostfriesische Tee, die kulinarischen Spezialitäten aus Lübeck, die Solinger Messer

► S. 81 **3** Inhaltsverzeichnis
1. Allgemeines zum Unternehmen und zu meinem Praktikum
2. Mein Arbeitsplatz
   a) Erforderliche Kompetenzen
   b) Ausbildungs- und Weiterbildungsmöglichkeiten
   c) Persönliche Eindrücke
3. Typischer Ablauf eines Praktikumstages
4. Besondere Ereignisse und Erfahrungen
5. Abschließender Kommentar zu meinem Praktikum

4 **Erster Absatz:** sie/Sie; ihnen/Ihnen; **zweiter Absatz:** sie/Sie; ihrem/Ihrem; ihrer/Ihrer;
dritter Absatz: sie/Sie; sie/Sie; ihrer/Ihrer; **Gruß:** ihre/Ihre

► S. 82 **5** 1. Berlin ist jederzeit eine Reise wert. – 2. Schon in wenigen Tagen kann man einen bleibenden Eindruck von der Stadt gewinnen. – 3. Von Montagmorgen bis Sonntagnacht kann man vieles erleben. – 4. Bis zum frühen Morgen trifft man Nachtschwärmer, da Berlin keine Sperrstunde hat. – 5. Viele Museen sind jedoch montags ganztägig geschlossen.

6 1. das gelbe/Gelbe Trikot – 2. Die Aktuelle Stunde – 3. das Grüne Gewölbe – 4. blauen/Blauen Brief – 5. das Fleißige Lieschen

► S. 83 **1** 1. a) liegen geblieben/liegen geblieben (= nicht erledigt worden); b) liegen geblieben/liegengeblieben (= vergessen worden); c) liegen geblieben/liegengeblieben (= eine Panne haben)
2. a) stehen zu lassen/stehenzulassen (= sich nicht weiter zu kümmern); b) stehen zu lassen/~~stehenzulassen~~; c) ~~Stehen lassen~~/Stehenlassen
3. a) ~~Kennen lernen~~/Kennenlernen; b) kennen zu lernen/kennenzulernen; c) kennen lernen/kennenlernen
4. a) lesen gelernt/~~lesengelernt~~; b) ~~Lesen und Schreiben lernen~~/Lesen- und Schreibenlernen; c) schreiben zu lernen/~~schreibenzulernen~~

2 Verbindungen aus Nomen und Verben: unterstrichen; nominalisierte Verbindungen: grau hinterlegt:
1. Jugendliche wollen am Leben in der Konsumgesellschaft teilhaben; dabei geht es oft ums Klamottenkaufen, Tanzengehen oder Herunterladen der neuesten Handyklingeltöne.
2. Kein Grund zum Schwarzsehen: Jobs neben der Schule können bei leerem Geldbeutel Abhilfe schaffen.
3. Eltern und Lehrer mögen da noch so sehr kopfstehen, Schülerinnen und Schüler dürfen sich aus Sicht des Gesetzgebers in einem gewissen Rahmen Arbeit suchen.
4. Auch Jugendliche sind im Argumentefinden gut: „Es ist doch besser, dass ich Zeitungen austrage oder Eis verkaufe, als dass die Polizei mich beim Herumhängen und Musikhören im Park erwischt."
5. Einer Studie zufolge geht es beim Jobben den meisten ums Geldverdienen, einigen um den „Fun"-Faktor und noch andere wollen Erfahrungen sammeln.

► S. 84 **3** **a** 1. f) – 2. e) – 3. a) – 4. c) – 5. b) – 6. d)

b Beispiele:

1. Ich kann nicht gutheißen, dass du geschwindelt hast.
2. Nach nur drei Monaten musste die Pizzeria wieder dichtmachen.
3. Durch den Streik wurde der Zulieferverkehr völlig lahmgelegt.
4. Eine solche Warnung sollte man nicht leichtnehmen.
5. Du solltest auf keine Fall auch nur eine weitere Unterrichtsstunde blaumachen.
6. Vergeblich versuchten sie die Wichtigkeit des Gesprächs klarzumachen.

► S. 85 **4** 1. zusammenspielen, – 2. gegenübersehen, – 3. gegenüber sehen, – 4. da bleiben, – 5. davongekommen, – 6. dableiben, – 7. davon gekommen, – 8. zusammen spielen

5 richtig: 1, 3, 5 (auch: sauber polieren), 6 (auch: leer räumen), 7, 11, 12, 14, 15, 16 (auch: mürbe machen), 17, 20, 21, 23 [= 14]; falsch: 2 (r: Kuchenessen), 4 (r: gut arbeiten), 8 (r: Dazu kommen), 9 (r: vorbeischlängelst), 10 (r: Jonglierenüben), 13 (r: schiefgeht), 18 (r: verrücktspielen), 19 (r: heimgehen), 22 (r: wieder sehen) [= 9]

► S. 86 **1** *Lieber Jason,* begann der Brief. *Wie schade, ~~das~~/dass so viele Dinge eine Mauer zwischen uns aufgerichtet haben. Und wie schade, ~~das~~/dass ich nicht dein richtiger Großvater bin. [...] Wie schade, ~~das~~/dass in deiner Welt kein Platz für mich ist [...].*

Wie schade, ~~das~~/dass deine Mutter dich so sehr liebt, denn es wird ihr das/~~dass~~ Herz brechen, wenn du nach Tobago gehst. Und ~~das~~/dass du das/~~dass~~ wirst, wissen wir alle. [...] Wenn du gehst, wird sie sich fragen, was sie getan hat, ~~das~~/dass du wegwolltest.

Und schließlich finde ich es schade, ~~das~~/dass du mir etwas stehlen musstest. [...] Ist es das/~~dass~~, Jason, mein lieber, lieber Junge? [...]

[...] irgendwann wird das/~~dass~~ schlechte Gewissen dich von der Insel vertreiben. Das/~~Dass~~ weiß ich, weil ich einmal einen ähnlichen Fehler begangen habe [...] Denk noch einmal nach über das/~~dass~~, was du vorhast, Jason. [...] Und wofür das/~~dass~~ alles? [...] Das/~~Dass~~ ist mein letzter Brief an dich. [...] Das/~~Dass~~ wird also mein letztes Geschenk an dich sein, Jason [...]

2 Das (Demonstrativpronomen) ist ein Buch, das (Relativpronomen) man jedem weiterempfehlen kann. Das (Artikel) Besondere daran ist, dass (Konjunktion) jedes Kapitel von jemand anderem stammt. Das (Artikel) erste Kapitel, das (Relativpronomen) den Grundstein legt, macht es möglich, dass (Konjunktion) die Geschichte in verschiedene Richtungen weitergeführt wird.

► S. 87 **1** Scheiterhaufen: Sie brauchen für diesen Nachtisch: 3 Milchbrötchen, 3/8 l Milch, 50 g Zucker, 1 Ei, 500 gr Äpfel, 50 gr Sultaninen sowie etwas Butter.

[...] Die Äpfel schälen, halbieren und grob raspeln oder in feine, jedoch nicht zu dünne Scheibchen schneiden. In eine gefettete feuerfeste Form abwechselnd schichtweise die Brötchenscheiben, Äpfel und Sultaninen geben, die restliche Milch darübergießen, zuletzt [...] Als Beilage schmecken sowohl Fruchtsoßen als auch Kompotts sehr gut, aber [...]

2 **a/d** Felicia spielt Theater, Paul spielt Klavier(,) und Marlen spielt Fußball.

b/c 1. Jemand spielt Klavier, jemand anderes spielt Theater, jemand drittes spielt Fußball.
2. Paul spielt entweder ein Instrument(,) oder er spielt Fußball.
3. Felicia spielt kein Instrument(,) und sie macht keinen Sport.
4. Marlen spielt nicht Klavier, sondern sie spielt Geige.
5. Wer spielt Klavier, wer spielt Theater(,) und wer spielt Fußball?

► S. 88 **3** 1. Für Erwachsene ist das Spielen keine Selbstverständlichkeit, weil ihnen häufig die Zeit fehlt. – 2. Aber wenn Erwachsene irgendwann Kinder bekommen, dann werden sie schnell wieder mit dem Spielen vertraut. – 3. Obwohl man eigentlich keine Lust zum Puzzeln oder Kartenspielen hat, beugt man sich seufzend den drängenden Wünschen des Nachwuchses. – 4. Manchmal macht es dann doch auch Spaß, sodass man das nächste Mal selbst einen Spielenachmittag vorschlägt.

4 **a** Es war einmal ein Mädchen, das arbeitete bei einem Bauern. Weil es so fleißig war, bekam es genug zu essen und dazu etwas Geld für Kleidung. [...] „Wenn ich die Milch verkaufe, dann verdiene ich so viel damit, dass ich mir ein Huhn kaufen kann. Das Huhn frisst, was es findet, und es legt jeden Tag ein Ei. [...] Nach einem Jahr habe ich damit so viel Geld verdient, dass ich eine Kuh kaufen kann. [...] Nach einem Jahr oder zweien habe ich so viel verdient, dass ich ein kleines Stück Land kaufen kann. [...] Mit (3) den Kartoffeln, den Eiern und der Milch zusammen verdiene ich in wenigen Jahren so viel, dass ich einen Bauernhof kaufen kann. Dann bin ich nicht mehr arm und kann mir einen reichen Bauernsohn anlachen, der mich ...“ [...] Sie hatte sich nämlich alles so farbig ausgemalt, dass sie gar nicht mehr auf den Weg achtete. Und als sie stolperte, flog der Milchkrug im hohen Bogen [...]

► S. 89 **b** 1. Kommas bei Aufzählung; – 2. Kommas in der Satzreihe (zwischen mehreren Hauptsätzen); 3. Kommas bei Aufzählung; – 4. Komma in der Satzreihe (zwei Hauptsätze – die Konjunktion „denn“ leitet einen Hauptsatz ein!)

5 **Nana Mouskouri:** Ich dachte lange, dass es vom Wort „Besen" auch ein Verb gibt, und [...]; – **Rafik Schami:** Raureif: Als ich am ersten Morgen [...] aufwachte, dachte ich: Trotz der Kälte verführt die Stadtverwaltung ihre Einwohner, aus dem Haus [...]; Ausverkauf: [...] viele Vorsilben: aus-, ein-, ent-, auf-, ver-, etwa bei „Auskommen", „Einkommen", „bekommen" – als ob sie jedes Wort von vorn bis hinten auspressen wollten, bis es nichts mehr hergibt. „Ausverkauf" konnte ich mir nur merken, weil es nach 15 Jahren, als ich weggezogen bin, immer noch am Schaufenster hing. Seitdem weiß ich, dass man Teppichhändler nicht unterschätzen darf. **Chris Dercon:** Genehmigung: Ein Wort, das man in München sehr oft benötigt. Ich habe lange gebraucht, um es zu verstehen. Am Anfang dachte ich immer, „Genehmigung" sei das Gleiche wie „Zustimmung". [...] Dann sagte er: „Meine Zustimmung haben Sie, aber Sie brauchen noch eine Genehmigung!"; Lynchen: Eigentlich will ich zu Mittag essen, meine Mitarbeiter sagen dazu „lunchen". Ich kriege das Wort aber nicht richtig hin, sage „lynchen", manchmal auch „loungen". [...]; **Lucia Aliberti:** Kälte ist nicht gut für meine Stimme, aber überall lauern Klimaanlagen. [...] Das kann ich inzwischen in Englisch, Deutsch, Spanisch, Französisch, Russisch und sogar Japanisch. **David Sedaris:** Früher habe ich in Chicago das Haus einer fröhlichen Deutschen geputzt, die ich gebeten habe, mir die Sprache beizubringen. Meine Begeisterung überforderte sie allerdings, also lernte ich am Ende nur „Kockloffel", „Tishdecke", „Sammeltassen" [...].

► S. 90 **6** Seit ich weiß, dass ich Vadim umbringen werde, geht es mir schon viel besser. Ich habe es auch meinem kleinen Bruder Anton versprochen, der neun Jahre alt ist. Ich glaube, seitdem geht es ihm auch besser. Als ich ihm davon erzählt habe, hat er die Augen aufgerissen und atemlos gefragt: „Und wie willst du das machen?"
Ich habe so getan, als hätte ich alles im Griff. „Es gibt tausend Möglichkeiten", habe ich gesagt, „ich kann ihn vergiften, erwürgen, erdrosseln, erstechen, vom Balkon werfen, mit einem Auto überfahren."
„Du hast doch gar kein Auto!", sagte mein Bruder Anton(,) und natürlich hatte er recht.
„Ich komme im Moment auch nicht an den Vadim ran", sagte ich da, „du weißt doch, er sitzt im Gefängnis. Er bleibt doch noch viele Jahre drin."
„Dann dauert es noch so lange?", fragte Anton.
„Schon", sagte ich, „aber das ist auch gut so. Ich kann mich besser vorbereiten. Weißt du, es ist gar nicht so einfach, jemanden umzubringen, wenn man es noch nie gemacht hat."
„Beim nächsten Mal geht es bestimmt besser!", sagte Anton fachmännisch.
„Ich will erst mal dieses eine Mal über die Bühne bringen", sagte ich. „Es soll kein Hobby werden."

► S. 91 **7** **a/b** Zu viel gesetzte Kommas sind eingekreist, neu eingesetzte notwendige Kommas grau.
Ich und die Zeichensetzung waren immer schon zwei Welten, (*Komma trennt Hauptsatz und Relativsatz*) die nicht zusammenpassen wollten. In der Grundschule hielten sich die Fehlerzahlen noch in Grenzen, bzw. es wurde auch nicht so genau darauf geachtet, (*Komma trennt zwei Hauptsätze, die mit „jedoch" verbunden sind*) jedoch auf der weiterführenden Schule wurde es nicht unbedingt besser. Ich denke, (*Komma trennt zwei Hauptsätze*) das lag daran, (*Komma trennt Hauptsatz und Nebensatz*) dass ich zwar schon immer gerne gelesen(,) und auch geschrieben habe, mich allerdings die sprachlichen Strukturen dahinter nie wirklich interessiert haben. Die Rechtschreibung(,) bzw. Grammatik habe ich(,) aufgrund des vielen Lesens relativ gut auf die Reihe bekommen, (*Komma trennt zwei Hauptsätze, die mit „doch" verbunden sind*) doch die Kommasetzung hatte es mir einfach nicht angetan. Ich fand es auch(,) wirklich(,) nicht interessant, (*Komma vor erweitertem Infinitiv*) Sätze in ihre Bestandteile(,) wie Subjekte, (*Aufzählung*) Objekte usw. auseinanderzunehmen oder herauszufinden, (*Komma am Ende des erweiterten Infinitivs + trennt Hauptsatz und Nebensatz*) worin sich Haupt- und Nebensätze unterscheiden. Ich habe das Nachdenken über Zeichensetzungsregeln immer als Behinderung und Begrenzung beim Schreiben gesehen. Und ich denke, (*Komma trennt Hauptsatz und Nebensatz*) dass bis auf Menschen, die sich in ihrem Studium oder Beruf mit der Materie wohl oder übel beschäftigen müssen, (*Komma am Ende des Relativsatzes*) niemand oder die wenigsten ohne Kommafehler schreiben. Ich glaube aber, (*Komma trennt zwei Hauptsätze*) dieses Problem ist(,) im Laufe der Schulzeit und Ausbildung bei mir doch schon etwas besser geworden.

► S. 92 **1** müsste, sei, stamme, spreche, konstruiere, sei

► S. 93 **2** [...] er <u>habe</u> lange <u>gedacht</u> (*3. P. Sg. Konj. I; indir. Rede*), „man <u>würde</u> die Steuerklassen von Autos anhand des Hupraumes <u>ermitteln</u> (*3. P. Sg. Konj. II – Ersatzform mit würde*)". Als Blinder <u>habe</u> er das Wort nie geschrieben <u>gesehen</u> (*3. P. Sg. Konj., indir. Rede*), [...] es <u>müsse</u> (*3. P. Sg. Konj. I, indir. Rede*) „Hupraum" heißen. Z. schreibt, für ihn als Musiker <u>sei</u> die Hupe immer viel präsenter <u>gewesen</u> (*3. P. Sg. Konj. I, indir. Rede/Zitat*) als irgendein geräuschloser Hub, und er <u>finde</u> (*3. P. Sg. Konj. I, indir. Rede/Zitat*), „es <u>wäre</u> (*3. P. Sg. Konj. II, Ausdruck des Irrealen*) [...]. Die Kfz-Steuer <u>sollte</u> dann insgesamt nicht mehr <u>erhoben</u>, sondern erhupt <u>werden</u> (*3. Sg. Konj. II, Indir. Rede + Ausdruck des Irrealen*). Und die Kerle mit den lautesten Hupen <u>müssten</u> (*3. Pl. Konj. II, Ausdruck des Irrealen*) am meisten zahlen.

3 **a** seine Kinder <u>wären</u>, sie <u>wären</u>, er <u>müsste</u>, er <u>wäre, könnte</u>
b Er forderte Max auf, er <u>solle/möge</u> sich nun einfach hinlegen und schlafen, er <u>sei</u> so furchtbar müde. Max erwiderte, er <u>sei</u> nicht müde. Der Vater widersprach, doch er <u>sei</u> müde, er – der Vater – <u>wisse</u> das. Max fragte, woher er das <u>wisse</u>. Der Vater antwortete, weil er ihn <u>kenne</u>. Max widersprach, er <u>kenne</u> ihn nicht. Der Vater bestand darauf, dass er ihn schon ganz lange <u>kenne</u>. Darauf schrie das Kind vor Wut, nein er <u>kenne</u> ihn nicht, er <u>sei</u> nämlich gar nicht der Max. Daraufhin fragte der Vater, wer er denn <u>sei</u>. Max antwortete trotzig, das <u>sage</u> er ihm nicht. Der Vater resümiert, dass es so eines Tages sein <u>werde</u>: Die eigenen Kinder <u>würden</u> nichts mehr von einem wissen wollen und man <u>werde</u> allein sein.

► S. 94 **1**

1. Das Verliebtsein von Simone wird mit zahlreichen Metaphern anschaulich beschrieben, z. B. heißt es, sie „schien nur aus Herzklopfen zu bestehen“ und „war von den Haarwurzeln bis zu den Zehen in Ruodi verliebt“ (Z. 6 – 8).
2. Nur in ihren Gedanken spricht Simone aus, was sie von Ruodi will, nämlich: „Greif endlich zu, beziehungsweise äußere doch wenigstens diesen dringlichen Wunsch!“ (Z. 10 f.)
3. Gleichzeitig wird auch klar, was Simone vorhat: „Wenn ihr Plan aufginge, sollte der Ring ihn anfeuern.“ (Z. 13).
4. In der Umsetzung des Plans wird sie immer ausschweifender: „Ich bin mit diesem Mann verlobt. [...] Ich bin mit ihm verlobt, obwohl er bis jetzt noch verheiratet ist.“ etc. (Z. 14 – 16).

► S. 95 **2**

a
1. Christa Wolf beginnt ihre Rede mit der These: „Jede revolutionäre Bewegung befreit auch die Sprache.“ (Z. 1 f.).
2. Die Rednerin gesteht ein: „Mit dem Wort ‚Wende‘ habe ich meine Schwierigkeiten.“ (Z. 18).
3. Sie würde von „‚revolutionärer Erneuerung‘ sprechen.“ (Z. 22).
4. Am Ende appelliert Wolf an ihre Zuhörer: „Wir – sind – das – Volk! Eine schlichte Feststellung. Die wollen wir nicht vergessen.“ (Z. 57 f.).

b
1. Christa Wolf postuliert zu Beginn ihrer Rede eine befreiende Wirkung revolutionärer Umbruchsituationen auf die Sprache (vgl. Z. 1 f.).
2. Die Rednerin gesteht ein, dass sie sich mit dem Begriff „Wende“ schwertue (vgl. Z. 18).
3. Sie schlägt stattdessen den Ausdruck „revolutionäre Erneuerung“ vor (vgl. Z. 22).
4. Am Ende fordert Wolf ihre Zuhörer auf, sich weiterhin die einfache, aber wichtige Tatsache klarzumachen, dass sie das Volk seien (vgl. Z. 57 f.).

Du hast dich bisher nicht gerade wie eine längst anderweitig verliebte Braut benommen. Ruodi lachte aufsässig.
Und warum wohl nicht? Bemühe mal deine ganze Phantasie, und gib dir dann selber die Antwort. Simone lobte sich für ihre Taktik.
Der Fahrer sagte *Nächster Halt: Kreuzplatz* durch, und sie mußten aussteigen. Während der zehn Minuten Fußweg bis zur Nummer 53, Zwinglistraße, erklärte Ruodi die komplizierten Baseball-Spielregeln. Er hielt Simone beim Gehen um die Taille, und sie war sehr verliebt, und doch, allmählich fing sie an, einen älteren, erfahrenen Mann vor sich zu sehen. Hatte denn Ruodi die melodramatische Angelegenheit schon wieder vergessen? Bekam er mit, daß sie den üblichen langwierigen Abschiedskuß kürzte, sich ein wenig sträubte, daß es also nicht komplett und wie immer war, das Nacht-Ritual vor dem Gartentor? Und Simone inszenierte sich in eine Umarmung mit dem älteren, erfahrenen Mann, der ihr – inzwischen träumte sie wach auf ihrem Bett vor sich hin – inmitten einer gekonnten Umarmung jenen Ring auf den Finger steckte, den sie nachher nicht gleich wieder im Schmuckkasten ihrer Mutter deponieren müßte.
Und was ist mit Simone? fragte Evi am nächsten Abend, verblüfft über Ruodis Bitte, ihn zum Dia-Vortrag des berühmten Bergsteigers zu begleiten, sie, Evi, statt Simone, Ruodis Angebetete und erst recht *seine* zweihundertprozentige Anbeterin.
Nichts weiter, sagte Ruodi, außer, sie trägt schon den Verlobungsring von einem andern, echter Brillant.

R

6.1 Erster Schritt: Die Aufgabenstellung verstehen

1 Die Analyse einer Erzählung verlangt die Erschließung inhaltlicher und auch formaler sowie sprachlicher Merkmale des Textes. Kreuzen Sie an, welche Tätigkeiten in der Aufgabenstellung von Ihnen verlangt werden:

- ☐ 1. Handlung herausarbeiten
- ☐ 2. Hauptfiguren charakterisieren
- ☐ 3. Figurenkonstellationen untersuchen
- ☐ 4. Inhalt nacherzählen
- ☐ 5. viele Zitate unterbringen
- ☐ 6. Qualität der Textsorte berücksichtigen
- ☐ 7. Kommunikation untersuchen
- ☐ 8. eigene Stellungnahme abgeben
- ☐ 9. Satzbau betrachten
- ☐ 10. Text umgestalten
- ☐ 11. Wortwahl heranziehen
- ☐ 12. Belegstellen auswählen

6.2 Zweiter Schritt: Die Einleitung planen, die zentrale Interpretationsthese aufstellen

1 Notieren Sie die wesentlichen Informationen für den Einleitungssatz.

Autor: ____________________

Titel: ____________________

Textsorte: ____________________

Erscheinungsdatum: ____________________

Thema: ____________________

2 Nun müssen Sie sich eine zentrale Interpretationsthese überlegen. Dazu kann es hilfreich sein, sich erst einmal einen Überblick über die Leseeindrücke zu verschaffen.

a Gestalten Sie hierzu Ihre Ideen mittels einer Mindmap.

Info

Eine Mindmap (Gedankenlandkarte) ist eine Visualisierungsmethode, die als Methode zur Texterfassung einsetzbar ist.
- Das Thema (als Wort, Bild oder Symbol) steht in der Mitte.
- Assoziationen und Informationen werden auf Haupt- bzw. Unterzweigen angeordnet.
- Auf Hauptzweigen stehen die allgemeinen Oberbegriffe, auf den Unterzweigen die Besonderheiten, Details zum Oberbegriff.

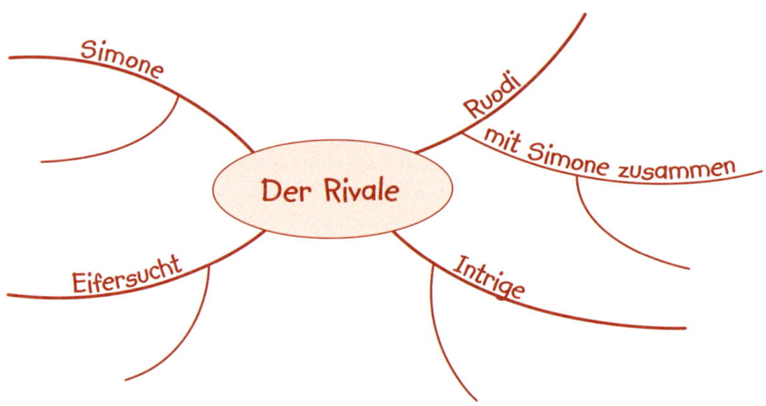

b Schauen Sie sich nun folgende Thesen an und überlegen Sie, welche These passen könnte. Vergleichen Sie die vorgeschlagenen Thesen auch mit den Ideen, die Sie gesammelt haben. Sind Sie mit keiner These einverstanden, ist unter der Liste Platz für eigene Thesen.

1. Die Kurzgeschichte „Der Rivale", verfasst von Gabriele Wohmann, handelt von einem Mädchen, das die Aufmerksamkeit eines Jungen unbedingt gewinnen möchte.

2. Die Kurzgeschichte „Der Rivale" thematisiert, wie schwer es ist, den Richtigen zu finden.

3. In der Kurzgeschichte „Der Rivale" von Gabriele Wohmann wird gezeigt, wie schnell man mit einer Intrige das Gegenteil erreicht.

6.3 Dritter Schritt: Den Hauptteil planen – Weitere Interpretationsthesen erarbeiten

1 Nachdem Sie nun eine zentrale These erstellt haben, sollten Sie sich um die anderen Ideen kümmern, die Sie hatten. Die meisten Ideen haben sicher mit den beiden Hauptfiguren zu tun. Diese sollten Sie nun genauer untersuchen – wie dies auch in der Aufgabenstellung gefordert ist.

a Übernehmen Sie die Informationen, die Sie aus dem Text herauslesen können, in die Tabelle. Notieren Sie sich außerdem Textbelege, denn diese sind für Ihre Interpretation wichtig.

Figur	Charakter	Belege
Simone	verliebt in Ruodi will Ruodi eifersüchtig machen ...	„Sie war von den Haarwurzeln bis zu den Zehen in Ruodi verliebt" (Z. 6 f.)
Ruodi	findet Simone gut	„Ruodis Angebetete" (Z. 62)

Fazit:

b Sie haben sich nun ein Bild der Figuren gemacht. Die Aufgabenstellung erfordert jedoch auch, dass Sie die Kommunikation der beiden bzw. die Störung derselben untersuchen. Ziehen Sie hierzu Pfeile von Simone zu Ruodi und umgekehrt oder von einer Figur zum Ring oder umgekehrt, um so deutlich zu machen, was in der Kommunikation (nicht) stimmt und warum.

2 Welche sprachlichen Besonderheiten, welche formalen Besonderheiten können Sie feststellen? Wie stehen diese im Zusammenhang mit dem Inhalt, welche Funktion erfüllen sie? Tragen Sie dies in die Tabelle ein.

wichtige sprachliche Aspekte	Beschreibung	Funktion/Zusammenhang mit dem Inhalt
wenig Adjektive		verdeutlicht die nicht ganz offen geführte Kommunikation zwischen den beiden
fehlende Anführungszeichen bei der direkten Rede		

wichtige formale Aspekte	Beschreibung	Funktion/Zusammenhang mit dem Inhalt
unvermittelter Einstieg	„Simone hielt Ruodi ihre linke Hand ins Blickfeld, …“ (Z. 1)	Merkmal der Kurzgeschichte

6.4 Vierter Schritt: Den Aufsatz verfassen – Einleitung und Textbeschreibung

1 Schreiben Sie einen Einleitungssatz zu Ihrem Interpretationsaufsatz. Überprüfen Sie zuvor Ihre zentrale Interpretationsthese und optimieren Sie diese gegebenenfalls.

2 Verfassen Sie eine Textbeschreibung. Gehen Sie folgendermaßen vor:

a Gliedern Sie den Text in Sinnabschnitte.

b Fassen Sie die Sinnabschnitte zusammen. Heben Sie dabei bereits den Aspekt hervor, der für Ihre Interpretation wichtig ist.

c Verfassen Sie einen kurzen, zusammenfassenden Text, der die Leser einerseits über den vorliegenden Text informiert und andererseits zu Ihrem eigentlichen Aufsatz hinleitet.

6.5 Fünfter Schritt: Den Aufsatz verfassen – Interpretationsteil und Schluss

1 Die im dritten Schritt gewonnenen Erkenntnisse müssen nun zu Interpretationsthesen verdichtet werden. Überlegen Sie sich eine These für den Charakter Simones, eine für den Charakter Ruodis und eine für die Kommunikation der beiden miteinander. Beachten Sie dabei, dass Sie die These durch Textstellen belegen, um sie dann anschließend zu deuten. Vergessen Sie nicht, auch Ihre Untersuchungsergebnisse der Form- und Sprachanalyse hinzuzuziehen.

These 1: ______________________________

____

____

____

____

____

These 2: ______________________________

____

____

____

____

____

These 3: ______________________________

____

____

____

____

____

2 Formulieren Sie nun Ihre Thesen aus und verfassen Sie den Interpretationsteil Ihres Hauptteils.

3 Lesen Sie folgenden Schluss und beurteilen Sie:

a Enthält der Schluss ein Fazit, das wesentliche Punkte zusammenfasst?

b Wird kurz in überzeugender und sprachlich angemessener Weise Stellung genommen?

Wenn ich die Handlung der Geschichte mir noch einmal ins Gedächtnis rufe, muss ich schon sagen, dass Simone sich wie eine echte Zicke verhält. Statt dass sie dem Ruodi ganz ehrlich sagt, dass sie ihn toll findet und mehr von ihm möchte, zum Beispiel ihn heiraten, inszeniert sie diese blöde Sache mit dem Ring. Ist doch ganz klar, dass Ruodi so reagiert, wie er reagiert. Folglich finde ich auch, dass es ihr recht geschieht, dass er sich nun von ihr abwendet. Er traut ihr gar nicht zu, dass sie das alles nur erfindet. Der Einzige, der hier echt liebt, ist damit meiner Meinung nach der Ruodi – denn er respektiert Simone und nimmt das, was sie sagt, für bare Münze. Simone muss erst noch erwachsen werden.

6.6 Sechster Schritt: Den Aufsatz überarbeiten und den Arbeitsprozess auswerten

1 Sie haben gerade den vorgegebenen Schluss der letzten Aufgabe beurteilt. Verbessern Sie den Schluss, indem Sie ihn umformulieren. Greifen Sie dabei die gegebenen Ideen auf.

2 Überarbeiten Sie Ihre Klausur mithilfe folgender Fragen:

Checkliste

- Sind in der Einleitung alle wichtigen Informationen enthalten?
- Endet die Einleitung mit einer zentralen Interpretationsthese?
- Ist die Textbeschreibung aspektorientiert, knapp und präzise?
- Ist die Überleitung zum Interpretationsteil fließend gestaltet?
- Werden die Interpretationsthesen durch Textbelege unterstützt?
- Werden formale und sprachliche Betrachtungen herangezogen?
- Wird richtig zitiert?
- Enthält der Schluss ein Fazit, eine Stellungnahme und eventuell eine Wertung?
- Ist der Aufsatz überarbeitet und korrigiert?

3 Überdenken Sie nach der Klausur den Arbeitsprozess, indem Sie die Arbeitsschritte noch einmal durchgehen und mit der zeitlichen Planung abgleichen.

4 Machen Sie sich Notizen, welche Aspekte Sie bei einer weiteren Klausur besonders beachten wollen.

7 Untersuchendes Erschließen literarischer Texte
Analyse und Interpretation eines dramatischen Textes

Aufgabenbeispiel

Interpretieren Sie die vorliegende Szene aus Lessings bürgerlichem Trauerspiel „Emilia Galotti".
a) Ordnen sie dazu den Auszug zunächst in den Gesamtzusammenhang ein.[1]
b) Legen Sie dann bei der Interpretation den Schwerpunkt auf die Charakterisierung der Figur des Prinzen und den daraus resultierenden Konflikt Emilias.

Textgrundlage

Gotthold Ephraim Lessing (1729–1781)

Gotthold Ephraim Lessing (1729–1781)

Emilia Galotti (1772) – **III/5**

[Der Fürst von Guastalla hat sich in Emilia Galotti verliebt. Sein Helfer am Hof, Marinelli, lässt die Kutsche, in der sich Emilia und ihr Verlobter Appiani befinden, überfallen. Appiani wird ermordet und Emilia auf das Schloss des Fürsten „gerettet".]

Der Prinz. Emilia. Marinelli

DER PRINZ Wo ist sie? wo? – Wir suchen Sie überall, schönstes Fräulein. – Sie sind doch wohl? – Nun so ist alles wohl! Der Graf, Ihre Mutter –

EMILIA Ah, gnädigster Herr! Wo sind sie? Wo ist meine Mutter?

DER PRINZ Nicht weit; hier ganz in der Nähe.

EMILIA Gott, in welchem Zustande werde ich die eine oder den anderen vielleicht treffen! Ganz gewiss treffen! – denn Sie verhehlen mir, gnädiger Herr – ich seh es, Sie verhehlen mir –

DER PRINZ Nicht doch, bestes Fräulein. – Geben Sie mir Ihren Arm und folgen sie mir getrost.

EMILIA (*unentschlossen*) Aber – wenn ihnen nichts widerfahren – wenn meine Ahnungen mich trügen: – warum sind sie nicht schon hier? Warum kamen sie nicht mit Ihnen, gnädiger Herr?

DER PRINZ So eilen Sie doch, mein Fräulein, all diese Schreckensbilder mit eins verschwinden zu sehen. –

EMILIA Was soll ich tun? (*Die Hände ringend.*)

DER PRINZ Wie, mein Fräulein? Sollten Sie einen Verdacht gegen mich hegen? –

Emilia (*die vor ihm niederfällt*) Zu Ihren Füßen, gnädiger Herr –

DER PRINZ (*sie aufhebend*) Ich bin äußerst beschämt. – Ja, Emilia, ich verdiene diesen stummen Vorwurf. – Mein Betragen diesen Morgen ist nicht zu rechtfertigen: – zu entschuldigen höchstens. Verzeihen Sie meiner Schwachheit. – Ich hätte Sie mit keinem Geständnisse beunruhigen sollen, von dem ich keinen Vorteil zu erwarten habe. Auch ward ich durch die sprachlose Bestürzung, mit der Sie es anhörten, oder vielmehr nicht anhörten, genugsam bestraft. – Und könnt' ich schon diesen Zufall, der mir nochmals, ehe alle meine Hoffnung auf ewig verschwindet – mir nochmals das Glück, Sie zu sehen und zu sprechen, verschafft; könnt' ich schon diesen Zufall für den Wink eines günstigen Glückes erklären – für den wunderbarsten Aufschub meiner endlichen Verurteilung erklären, um nochmals um Gnade flehen zu dürfen: so will ich doch – beben Sie nicht, mein Fräulein – einzig und allein von Ihrem Blicke abhangen. Kein Wort, kein Seufzer soll Sie beleidigen. – Nur kränke mich nicht Ihr Misstrauen. Nur zweifeln Sie keinen Augenblick an der unumschränktesten Gewalt, die Sie über mich haben. Nur falle Ihnen nie bei, dass Sie eines andern Schutzes gegen mich bedürfen. – Und nun kommen Sie, mein Fräulein – kommen Sie, wo Entzückungen auf sie warten, die Sie mehr billigen. (*Er führt sie, nicht ohne Sträuben, ab.*) Folgen Sie uns, Marinelli. –

1 *Diese Aufgabe setzt die Kenntnis des Dramas voraus. Sollten Sie das Drama nicht gelesen haben, müssen Sie sich auf die Dialoganalyse beschränken.*

MARINELLI Folgen Sie uns – das mag heißen: folgen Sie uns nicht! – Was hätte ich ihnen auch zu folgen? Er mag sehen, wie weit er es unter vier Augen mit ihr bringt. – Alles, was ich zu tun habe, ist – zu verhindern, dass sie nicht gestöret werden. Von dem Grafen zwar hoffe ich nun wohl nicht. Aber von der Mutter; von der Mutter! Es sollte mich sehr wundern, wenn die so ruhig abgezogen wäre und ihre Tochter im Stich gelassen hätte. – Nun, Battista? was gibt's?

7.1 Erster Schritt: Die Aufgabenstellung verstehen

1 Notieren Sie sich die wichtigsten Begriffe der Aufgabenstellung.

____

____

____

____

____

2 Lesen Sie den Dramenauszug und notieren Sie sich spontane Ideen zu den Schlüsselwörtern der Aufgabenstellung, die Sie bei Aufgabe 1 festgehalten haben.

7.2 Zweiter Schritt: Die Einleitung planen, die zentrale Interpretationsthese aufstellen

1 Sammeln Sie die wesentlichen Informationen für den Einleitungssatz.

Autor: ______________________________

Titel: ______________________________

Textsorte: ______________________________

Erscheinungsdatum: ______________________________

Thema: ______________________________

____

2 Um zu den zentralen Interpretationsthesen zu gelangen, ist eine genaue Textarbeit unabdingbar. Widmen Sie sich zunächst dem ersten Teil der Aufgabe, der Charakterisierung des Prinzen. Untersuchen Sie hierzu mit der Methode „close reading" (aktives Lesen) die lange Passage, in der der Prinz spricht. Schreiben Sie Ihre Erkenntnisse direkt in den Text hinein.

DER PRINZ (*sie aufhebend*) Ich bin äußerst beschämt. – Ja, Emilia, ich verdiene diesen stummen Vorwurf. – Mein Betragen diesen Morgen ist nicht zu rechtfertigen: – zu entschuldigen höchstens. Verzeihen Sie meiner Schwachheit. – Ich hätte Sie mit keinem Geständnisse beunruhigen sollen, von dem ich keinen Vorteil zu erwarten habe. Auch ward ich durch die sprachlose Bestürzung, mit der Sie es anhörten, oder vielmehr nicht anhörten, genugsam bestraft. – Und könnt' ich schon diesen Zufall, der mir nochmals, ehe alle meine Hoffnung auf ewig verschwindet – mir nochmals das Glück, Sie zu sehen und zu sprechen, verschafft; könnt' ich schon diesen Zufall für den Wink eines günstigen Glückes erklären – für den wunderbarsten Aufschub meiner endlichen Verurteilung erklären, um nochmals um Gnade flehen zu dürfen: so will ich doch – beben Sie nicht, mein Fräulein – einzig und allein von Ihrem Blicke abhangen. Kein Wort, kein Seufzer

heuchlerisch

neuer Versuch, ihr seinen Willen aufzudrängen

soll Sie beleidigen. – Nur kränke mich nicht Ihr Misstrauen. Nur zweifeln Sie keinen Augenblick an der unumschränktesten Gewalt, die Sie über mich haben. Nur falle Ihnen nie bei, dass Sie eines andern Schutzes gegen mich bedürfen. – Und nun kommen Sie, mein Fräulein – kommen Sie, wo Entzückungen auf sie warten, die Sie mehr billigen. (*Er führt sie, nicht ohne Sträuben, ab.*) Folgen Sie uns, Marinelli. –

nicht konform mit mit Emilias Wünschen

Emilia will nicht

Tipp

Aktives Lesen bedeutet, dass Sie einen Text sorgfältig mit einem Stift in der Hand lesen. Streichen Sie beim Lesen alle Auffälligkeiten an und kommentieren Sie sie. Dies können Sie tun unter Verwendung von:

- verschiedenen Farben. Wählen Sie dabei für jedes Phänomen, das Sie behandeln, eine andere Farbe.
- verschiedenen Arten der Hervorhebung (mit verschieden farbigen Markern, einfach, gewellt, gestrichelt, doppelt unterstrichen, eingekreist usw.)

Sparen Sie nicht mit **Randnotizen** in Form von Stichwörtern, Fragen oder Anmerkungen.

3 Schreiben Sie nun Ihre Ergebnisse in die Tabelle, indem Sie das, was Sie unterstrichen haben, verdichten und in Charaktereigenschaften übertragen. Ziehen Sie weitere Kenntnisse hinzu aus den übrigen Teilen des Dramenauszugs. Ziehen Sie außerdem ein Fazit – das durchaus aus mehreren Aspekten bestehen darf: dies sind dann Ihre Interpretationsthesen zu dieser Teilaufgabe.

Charaktereigenschaft des Prinzen	Beleg
berechnend (entschuldigt sich, obwohl es ihm vermutlich gar nicht leid tut) heuchlerisch beschwichtigend	„Mein Betragen diesen Morgen ist nicht zu rechtfertigen …“ (Z. 16)
Fazit: Der Prinz ist …	

4 Hilfreich für die Lösung kann auch sein, eine Dialoganalyse durchzuführen. Lesen Sie dazu folgenden Info-Kasten.

Info

Dialoganalyse

- **Kontextuierung der Szene**: Stellung der Szene im Dramenzusammenhang und -aufbau: Vorgeschichte, Bedeutung für den weiteren Verlauf, Erwartungen des Publikums …
- **Gesprächssituation**: Ort, Zeit, Atmosphäre …
- **Formaler Aufbau**: Gliederung, Verteilung von Dialog und Monolog, Regieanweisungen …
- **Gesprächsgegenstand**: Inhalt des Gesprächs, Position, Argumente …
- **Gesprächsverlauf**: Art des Beginns und des Endes, Konfliktentwicklung, Wendepunkt/e …
- **Gesprächsart**: Diskussion, Verhör, Streit, Entscheidungssuche, Plauderei …
- **Gesprächsverhalten**: Redeanteile, Sprecherwechsel, Gesprächsbeteiligung, Redeinitiative, symmetrisch (gleichberechtigt), komplementär (sich ergänzend), überlegen (superior), unterlegen (inferior), Formen sprachlichen Handelns (fragen, vorwerfen, bitten, informieren …) …
- **Gesprächsstörungen**: Missverständnisse, Widersprüche, Täuschungen …
- **Adressatenbezug**: Adressaten in und außerhalb der Szene, Art der Ansprache …

5 Untersuchen Sie nun, in welchem Konflikt sich Emilia befindet und warum. Vervollständigen Sie anschließend den Lückentext mithilfe der vorgegebenen Ausdrücke.

dem Prinzen misstraut • dem Prinzen und dem Tod • den Aussagen des Prinzen • den Tod • erkennt sie ihre Lage • für das Leben • sie „nicht ohne Sträuben" (Z. 28) mit • gezeigte Begegnung zwischen dem Prinzen und Emilia • Höhepunkt • ist sie noch „unentschlossen" (Z. 8)

Der Konflikt Emilia Galottis besteht darin, dass sie sich zwischen ______________________ entscheiden muss. Entscheidet sie sich ______________________, bedeutet es, dass sie sich nicht mehr gemäß den Werten und Idealen des Bürgertums lebt. Wenn sie diesen Werten treu bleiben möchte, gibt es nur eine Wahl für sie: ______________________. Emilia ist sich dieses Konflikts bewusst. Man kann dies daran erkennen, dass sie zunehmend ______________________ und sich mehr und mehr sträubt. Die Erkenntnis kommt Emilia aber erst im Laufe des Auftritts. Anfangs ______________________ und weiß nicht so recht, ob sie ______________________ glauben kann/soll, doch dann ______________________. Als der Prinz sie letztendlich wegbringen möchte, geht ______________________. Sie hat ihre aussichtslose Lage erkannt.

Man kann also sagen, dass es sich hier mit diesem fünften Auftritt um den ______________________ des Trauerspiels handelt, da hier der Konflikt voll entfaltet ist. Außerdem handelt es sich um die einzige ______________________ im ganzen Stück.

7.3 Dritter Schritt: Den Hauptteil planen – Weitere Interpretationsthesen erarbeiten

1 Sie haben nun schon sehr viel Vorarbeit geleistet. Optimieren Sie nun im nächsten Schritt Ihre Interpretationsthesen, indem Sie sie noch einmal auf Ihre Richtigkeit überprüfen und präzisieren. Gehen Sie dazu in folgender Reihenfolge vor: These – Textbeleg – Deutung – Rückbezug auf die These.
Vervollständigen Sie zunächst die erste These und arbeiten Sie in dieser Art weiter.

1. Der Prinz ist ein Heuchler, der Emilia durch schöne Worte täuschen möchte. Man kann dies sehr gut in Zeile ______ erkennen, wo er sagt:

____

____. Er tut an dieser Stelle so, als sei Emilia bei ihm in sicheren Händen und als könne sie ihm bedenkenlos vertrauen. Fast väterlich mutet sein Verhalten hier an. Doch man sieht an dieser Stelle auch, dass seine Strategie, ____

____. Emilia durchschaut ihn. Und so bleibt er nichts weiter als ein armseliger Heuchler.

2. ____

____

____

____

____

____

____

____

Deutsches Theater, Berlin, Regie: Michael Thalheimer, Premiere 2001, Darsteller: Ingo Huelsmann, Nina Hoss

7.4 Vierter Schritt: Den Aufsatz verfassen – Einleitung und Textbeschreibung

1 Der nächste Schritt ist nun, die Einleitung für Ihren Aufsatz zu verfassen. Beachten Sie, dass Sie hier etwas Grundsätzliches zum Drama sagen müssen, dessen Auszug Sie im Folgenden interpretieren werden. Lesen Sie die folgenden zwei Einleitungen und kommentieren Sie diese. Verfassen Sie anschließend Ihre eigene Einleitung.

1. Das bürgerliche Trauerspiel von Gotthold Ephraim Lessing heißt „Emilia Galotti". Es ist ein tolles Buch, denn Lessing zeigt darin, wie eine junge Frau sich von den Obrigkeiten nichts sagen lässt. Kaum zu glauben, dass das Stück von 1772 ist.

2. Das bürgerliche Trauerspiel „Emilia Galotti" von Gotthold Ephraim Lessing wurde 1772 verfasst. In ihm stellt der Dichter das Bürgertum und dessen Werte der feudalen, absolutistischen Herrscherschicht gegenüber. Man kann „Emilia Galotti" insofern als Werk ganz im Zeichen der Aufklärung bezeichnen.

2 Der nächste Schritt ist nun die Einordnung des Dramenauszugs in den Gesamtzusammenhang. Hier ist es wichtig, dass Sie zusammentragen, was bis zu der zu interpretierenden Textstelle passiert und was im Vorfeld für diesen Dramenauszug von Bedeutung ist. Notieren Sie sich hierzu die Stationen, die wichtig sind.

Thalia Theater, Hamburg, Regie: Michael Talke, Premiere 2003, Darsteller: Felix Knopp, Natali Seelig, Anna Blomeier

3 Als Nächstes fassen Sie den vorliegenden Dramenauszug knapp zusammen. Ergänzen Sie hierzu den folgenden Text:

Die vorliegende Textstelle beschreibt die Begegnung zwischen Emilia und dem Prinzen, nachdem die Kutsche von Emilia und dem Grafen Appiani überfallen worden ist. Emilia wurde zum Lustschloss Dosalo gebracht, wo ihr nun der

Prinz ____

____

____

Er entschuldigt sich bei ihr für sein Verhalten in der Kirche und ______________________

____

____

4 Den letzten Teil der Einordnung des Textes stellt der Ausblick auf das weitere Geschehen dar. Notieren Sie auch hier wieder stichwortartig, was sich an Wichtigem aus dem vorliegenden Dramenauszug ergibt.

____

____

____

____

____

5 Verfassen Sie nun die Einleitung Ihres Aufsatzes und erstellen Sie die Einordnung in den Gesamtzusammenhang des Dramas (erste Teilaufgabe).

7.5 Fünfter Schritt: Den Aufsatz verfassen – Der Interpretationsteil und der Schluss

1 Verfassen Sie den Interpretationsteil Ihres Aufsatzes.

2 Im Schlussteil müssen Sie nun Ihre wichtigsten Ergebnisse noch einmal pointiert zusammenfassen. Notieren Sie sich in Stichwörtern, was Ihnen nach Ihrer bisherigen Vorbereitung für den Schluss wichtig erscheint.

____

____

____

____

____

____

____

____

____

____

3 Schreiben Sie den Schlussteil Ihres Aufsatzes.

7.6 Sechster Schritt: Den Aufsatz überarbeiten und den Arbeitsprozess auswerten

1 Überarbeiten Sie Ihre Klausur mithilfe folgender Fragen:

Checkliste

- Sind in der Einleitung alle wichtigen Informationen enthalten?
- Habe ich den Einleitungssatz ansprechend und inhaltlich richtig und umfassend formuliert?
- Ist der Dramenauszug in den Gesamtzusammenhang eingeordnet?
- Habe ich den Dramenauszug zusammengefasst, ohne dass er Nacherzählungscharakter hat?
- Folgt dann ein kurzer Ausblick auf das Nachfolgende?
- Habe ich für den Hauptteil den Text genau gelesen und Wichtiges markiert?
- Sind die Interpretationsthesen überzeugend formuliert?
- Werden alle Interpretationsthesen durch passende und stichhaltige Belege gestützt?
- Wurden die Thesen in Zusammenhänge gestellt?
- Habe ich elegante Überleitungen zwischen den Thesen formuliert?
- Besticht der Schlussteil durch das Aufgreifen meiner wichtigsten These und habe ich ein wertendes Resumee gezogen?

2 Gehen Sie anschließend wie folgt vor:

a Kennzeichnen Sie deutlich Einleitung, Hauptteil und Schluss, indem Sie Trennungslinien ziehen.

b Überprüfen Sie dann noch einmal Ihre Vorarbeiten und deren Umsetzung in Ihrem Aufsatz. Prüfen Sie, ob Sie alle Ihre Ergebnisse in einer gedanklich aufeinander aufbauenden Reihenfolge dargestellt, bewiesen und gedeutet haben.

c Lesen Sie unabhängig von Ihrem Hauptteil nur Ihre Einleitung und Ihren Schluss. Kontrollieren Sie, ob diese beiden Teile inhaltlich aufeinander Bezug nehmen, z.B. in Form der Wiederholung oder Präzisierung Ihres wichtigsten Untersuchungsaspektes.

3 Kontrollieren Sie Ihre Klausur im Hinblick auf Rechtschreibung und Zeichensetzung.

4 Überdenken Sie nach der Klausur den Arbeitsprozess, indem Sie die Arbeitsschritte noch einmal durchgehen und mit der zeitlichen Planung abgleichen.

5 Machen Sie sich Notizen, welche Aspekte Sie bei einer weiteren Klausur besonders beachten wollen.

8 Untersuchendes Erschließen literarischer Texte Analyse und Interpretation eines Gedichtes

Aufgabenbeispiel

Analysieren und interpretieren Sie das Gedicht „Zum Einschlafen zu sagen“ von Rainer Maria Rilke.

Textgrundlage

Rainer Maria Rilke (1875–1926)

Zum Einschlafen zu sagen (1900)

Ich möchte jemanden einsingen,
bei jemandem sitzen und sein.
Ich möchte dich wiegen und kleinsingen
und begleiten schlafaus und schlafein.
Ich möchte der Einzige sein im Haus,
der wüsste: die Nacht war kalt.
Und möchte horchen herein und hinaus
in dich, in die Welt, in den Wald.
Die Uhren rufen sich schlagend an,
und man sieht der Zeit auf den Grund.
Und unten geht noch ein fremder Mann
und stört einen fremden Hund.
Dahinter wird Stille. Ich habe groß
die Augen auf dich gelegt;
und sie halten dich sanft und lassen dich los,
wenn ein Ding sich im Dunkel bewegt.

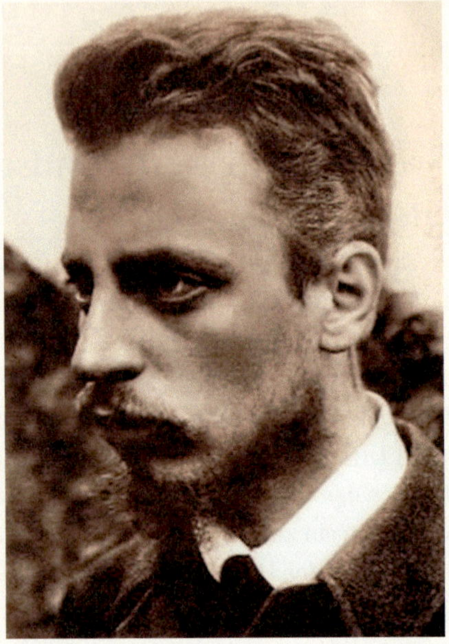

Rainer Maria Rilke (1875–1926)

8.1 Erster Schritt: Erste Leseeindrücke sammeln

1 Lesen Sie das Gedicht sorgfältig. Notieren Sie sich auf einem gesonderten Blatt alle Ideen, die Ihnen spontan zur Deutung des Gedichtes einfallen.
Füllen Sie anschließend folgende Gedankenblase mit einer ersten These über die Aussage des Gedichts.

Nach dem ersten Lesen glaube ich, im Gedicht geht es um …

2 Lesen Sie das Gedicht ein weiteres Mal aufmerksam. Notieren Sie nun mit der Methode „aktives Lesen" (Seite 60, ▶ Info) alles, was ihnen auffällt. Verschiedene Textstellen sind bereits für Sie markiert.

Rainer Maria Rilke:

Zum Einschlafen zu sagen

Ich möchte jemanden einsingen,
bei jemandem sitzen und sein.
Ich möchte dich wiegen und kleinsingen
und begleiten schlafaus und schlafein.
Ich möchte der Einzige sein im Haus,
der wüsste: die Nacht war kalt.
Und möchte horchen herein und hinaus
in dich, in die Welt, in den Wald.
Die Uhren rufen sich schlagend an,
und man sieht der Zeit auf den Grund.
Und unten geht noch ein fremder Mann
und stört einen fremden Hund.
Dahinter wird Stille. Ich habe groß
die Augen auf dich gelegt;
und sie halten dich sanft und lassen dich los,
wenn ein Ding sich im Dunkel bewegt.

3 Folgende Lyrik-Checkliste hilft Ihnen, Ihre ersten Leseeindrücke zu ordnen und Interpretationsthesen im Hinblick auf die Analyse des Gedichtes zu entwickeln (▶ Seite 69, 3). Markieren Sie darin die Stichwörter, die Ihrer Meinung nach auf das Gedicht „Zum Einschlafen zu sagen" zutreffen.

Checkliste

- **Um was für eine Art von Gedicht handelt es sich?**
  Ballade • Naturlyrik • politische Lyrik • Gedankenlyrik • philosophisches Gedicht • Erzählgedicht
- **Was wird dargestellt?**
  ein Geschehen im chronologischen Verlauf • eine Momentaufnahme • äußere und/oder innere Handlungen/Vorgänge • ein gegenwartsbezogenes, zeitloses oder historisches Geschehen • menschliches Verhalten • Beschreibungen der Außenwelt/Natur
- **Wie ist es aufgebaut (Struktur)?**
  (keine) Stropheneinteilung • gebundene oder freie Form (z.B. (kein) Reimschema, Rhythmus, Metrum ...) • Zeilensprünge • (keine) Überschrift • lyrisches Subjekt (nicht direkt) erkennbar
- **Welche sprachlichen Auffälligkeiten gibt es?**
  lyrische oder eher Sprache des Alltags vorherrschend • viele sprachliche Bilder (Metaphern), Doppeldeutigkeiten, ungewohnter Gebrauch bekannter Wörter/Begriffe/Redewendungen • Wiederholungen von Wörtern oder ganzen Verszeilen • ungewohnte Satzstellung zur Hervorhebung bestimmter Aussagen • (keine) direkte Ansprache potenzieller Leserinnen und Leser
- **Welche Stimmung vermittelt es?**
  freundlich/heiter/optimistisch • düster/ernst/pessimistisch • neutral/unspezifisch • ein eher lautes, hektisches, schnelles Geschehen • Ruhe, Gelassenheit, Nachdenklichkeit, Langsamkeit
- **Worin besteht seine Funktion?**
  Vermittlung einer Ansicht (gesellschaftlich, politisch, moralisch, künstlerisch ...) • Ansicht will (in)direkt erschlossen werden • (keine) Appellfunktion

Info

Wichtige Reimformen, Reimschemata und Metren

- **Endreim:** Die Versenden reimen sich, klingen gleich, z. B.: *Grund – Hund.*
- **Binnenreim:** Zwei Wörter innerhalb eines Verses reimen, z. B.: *in stiller Nacht zur ersten Wacht.*
- **unreiner Reim:** Die Vokale oder Konsonanten der Reimwörter sind ähnlich, aber nicht gleich, z. B.: *Frage – schade.*

Paarreim: aabb	**umarmender Reim:** abba	**Schweifreim:** aabccb
Kreuzreim: abab	**Haufenreim:** aaabbb	

- **Jambus:** unbetont – betont, z. B.: *Poét, Chantál*
- **Trochäus:** betont – unbetont, z. B.: *Díchter, Óle*
- **Anapäst:** unbetont – unbetont – betont, z. B.: *Poesie, Anapäst*
- **Daktylus:** betont – unbetont – unbetont, z. B.: *Schríftsteller, Dáktylus*

Man zählt die betonten Silben (Hebungen) pro Vers und spricht dann z.B. von *vierhebigem Jambus.*

8.2 Zweiter Schritt: Die Einleitung planen, die zentrale Interpretationsthese aufstellen

1 Notieren Sie die wesentlichen Informationen für den Einleitungssatz.

Autor: ____________________

Titel: ____________________

Textsorte: ____________________

Erscheinungsdatum: ____________________

Thema: ____________________

2 Überlegen Sie sich eine Kernthese.

Das Gedicht „Zum Einschlafen zu sagen“ von Rainer Maria Rilke ____________________

____

8.3 Dritter Schritt: Den Hauptteil planen – Weitere Interpretationsthesen erarbeiten

1 Gestalten Sie einen Cluster, mithilfe dessen Sie für sich überlegen, welche weiteren Schwerpunkte Sie Ihrer Gedichtanalyse geben können.

Tipp

Mithilfe eines **Clusters** sammeln und nutzen Sie Ihre Assoziationen. Gehen Sie wie folgt vor:

- Nehmen Sie eine leeres Blatt und schreiben Sie den Kernbegriff – hier „Zum Einschlafen zu sagen“ – in die Blattmitte und umkreisen Sie den Begriff.
- Lassen Sie Ihre Gedanken schweifen und schreiben Sie jeden Einfall sofort auf, und zwar in einem eigenen Feld um den Kern angeordnet und durch Striche mit diesem verbunden.
- Fällt Ihnen zu Ihren Assoziationen Weiteres ein, dann notieren Sie es um die Assoziation herum, kreisen Sie es ein und verbinden Sie die Wörter, die zusammengehören.
- Ganz neue Ideen werden wieder direkt mit dem Kern verbunden. Von ihnen aus werden dann wieder die dazugehörigen Assoziationen ergänzt.

2 Sammeln Sie nun in einer Tabelle die sprachlichen Mittel und die formalen Besonderheiten, die Sie finden konnten.

Auffälligkeit	Beleg	Funktion
von „jemand" zu „ich"	„bei jemandem sitzen und sein" (V. 2) „Ich möchte dich wiegen und kleinsingen" (V. 3)	wie bei einem Film zoomt das lyrische Ich langsam heran

3 Tragen Sie nun beide Aspekte zusammen und formulieren Sie Interpretationsthesen, z. B.:

1. Das lyrische Ich vermittelt dem Leser Ruhe und Geborgenheit, denn ______________________

2. Man merkt an der Art, wie das lyrische Ich spricht, dass es für das „du" große Liebe und Zuneigung empfindet, denn

3. Den Beschützerinstinkt des lyrischen Ich erkennt man ______________________

4. ____

____

____

8.4 Vierter Schritt: Den Aufsatz verfassen – Einleitung und Textbeschreibung

1 Auch in einem Gedicht beschreiben Sie vor dem Interpretieren den Inhalt des Gedichtes. Verfassen Sie daher nun die Einleitung und eine kurze Textbeschreibung des Gedichtes. Optimieren Sie gegebenenfalls die Kernthese.

Das Gedicht „Zum Einschlafen zu sagen“ wurde von Rainer Maria Rilke verfasst. Es handelt sich um ein ____________

____________ Gedicht. Das lyrische Ich beschreibt ______________________________

____

____

____

____

8.5 Fünfter Schritt: Den Aufsatz verfassen – Der Interpretationsteil und der Schluss

1 Nehmen Sie nun Ihre in Aufgabe 3 in 8.3 (▶ Seite 69) erarbeiteten Thesen und bringen Sie diese in eine sinnvolle Reihenfolge. Ergänzen Sie die inhaltlichen Aspekte, die Sie gefunden haben durch sprachliche Aspekte, die Ihre jeweilige These belegen/verstärken.
Überlegen Sie sich anschließend, was Sie im Schlussteil schreiben wollen.

inhaltlicher Aspekt	Beleg	sprachliches/formales Mittel
These 1: Das lyrische Ich empfindet eine tiefe Sehnsucht, für jemanden sorgen zu wollen.	„Ich möchte jemanden einsingen, / bei jemandem sitzen und sein.“ (V. 1–2)	Das nicht näher bestimmte Pronomen „jemanden“ wird zweimal wiederholt; ab der nächsten Zeile wird es durch das Personalpronomen der 2. Person Sg. ersetzt.
These 2: Das lyrische Ich handelt egoistisch und man erfährt nicht, ob das Gegenüber dies auch will.	Wiederholung von „Ich möchte …“ (V. 1, 3, 5 und abgewandelt 7)	Die parallele Struktur „ich möchte“ kommt dreimal vor; ebenso ist „ich“ das Pronomen, das am häufigsten vorkommt.
These 3:		
These 4:		

…		

SCHLUSS:

Die wichtigste Aussage des Gedichtes ist meiner Meinung nach ____________________

____

Insgesamt gesehen finde ich, dass das Gedicht ____________________

____

____

Tipp

Beim Gliedern Ihres Hauptteils sollten Sie sich über zwei Fragen klar werden, die einen Einfluss auf Ihre Gliederung haben können:

- Fange ich mit der Beschreibung der äußeren Form des Gedichtes an oder beschreibe ich chronologisch die inhaltliche Entwicklung der einzelnen Strophen (Inhaltsbeschreibung)?
- An welchen Stellen gehe ich von der Beschreibung des Inhalts zur vertiefenden Deutung (Interpretation) einzelner Motive und Aussagen über?

8.6 Sechster Schritt: Den Aufsatz überarbeiten und den Arbeitsprozess auswerten

1 Überarbeiten Sie Ihre Klausur mithilfe folgender Fragen:

Checkliste

- Sind in der Einleitung alle wichtigen Informationen enthalten?
- Gibt es Aspekte in meiner Arbeit, die noch vertieft werden müssten? Bin ich an manchen Stellen zu sehr an der Oberfläche geblieben? Muss ich an anderen Stellen vielleicht noch straffen, da meine Ausführungen zu langatmig sind?
- Habe ich meine Thesen immer belegt oder bin ich Zitate aus dem Gedicht schuldig geblieben? Sind die Belege echte Belege, d.h. unterstreichen Sie wirklich meine These?
- Ist der Stil meiner Ausführungen in Ordnung oder drücke ich mich manchmal zu salopp und umgangssprachlich aus? Verwende ich abwechslungsreiche Formulierungen?
- Greife ich am Schluss meine Kernthese vom Anfang wieder auf? Haben meine Ausführungen ergeben, dass die These richtig war? Muss ich sie differenzieren oder gar widerrufen?

2 Versetzen Sie sich in die Lage der Leser und versuchen Sie, den Aufsatz aus deren Perspektive zu lesen. Sind alle Teile des Aufsatzes zu verstehen oder gibt es unklare Stellen?

3 Überdenken Sie nach der Klausur den Arbeitsprozess, indem Sie die Arbeitsschritte noch einmal durchgehen und mit der zeitlichen Planung abgleichen.

4 Machen Sie sich Notizen, welche Aspekte Sie bei einer weiteren Klausur besonders beachten wollen.

9 Gestaltendes Erschließen literarischer Texte Aufgabengeleitetes und produktives Verstehen eines Prosatextes

Aufgabenbeispiel

1. Analysieren Sie die Kurzgeschichte „Mir nichts, dir nichts" von Julia Franck. Berücksichtigen Sie hierbei besonders die Charakterisierung der Figuren, ihre Kommunikation und Beziehung.
2. Die Ich-Erzählerin trifft nach der Begegnung mit Emily auf Paul und erzählt ihm von der Begegnung. Schreiben Sie den Dialog.

Textgrundlage

Julia Franck (geb. 1970)

Julia Franck (geb. 1970)

Mir nichts, dir nichts (2000)

Draußen steht Emily, eine Plastiktüte in der einen Hand, eine Zigarette in der anderen.
„Hallo, ich hoffe, ich stör dich nicht?"
„Hast du ...?" Um ein Haar hätte ich gefragt, ob sie Paul noch auf der Straße getroffen hat, aber ich beiße mir auf die Zunge, weil ich weiß, dass Emily hier nicht stünde, wenn sie ihm begegnet wäre. Sie tritt von einem Bein aufs andere, die Hand mit der Zigarette hält sie gekrümmt, als müsse sie die Glut von einem Sturm in meinem Treppenhaus schützen.
„Hab ich was?" Fragend schaut sie mich an.
„Hast du geweint?" Ich zögere, Emily in den Arm zu nehmen.
„Paul war die ganze Nacht nicht zu Hause", ihre Stimme ist leise, „ich hab vor seiner Tür gewartet, aber er ist nicht gekommen." Emily schluckt, sie drückt die Zigarette an der Wand des Treppenflurs aus, sie hat keine Zeit, mein Zögern zu bemerken, stürzt auf mich zu, schluchzt und klammert sich an mich, und ich weiß nicht, wie fest ich sie halten soll. Sie zerrt an mir, zerrt an meinem Hemd, ich streiche ihr durch die kurzen, klebrigen Haare, das Hemd rutscht mir von der Schulter, ihre Haare kitzeln, die Wange drückt sich an meine nackte Schulter, der Rauch kriecht zu mir, ihr Schluchzen wird leise, immer leiser, so leise, dass ich es nur noch unter meinen Händen fühlen kann, ich spüre ihre Tränen über meine Brust rinnen. Paul hat mich dort geküsst, er hat mich gestreichelt, und seine Lippen haben mit meiner Haut geflüstert. Wir hatten Emily vergessen. Emily würde ihn riechen können, sie würde ihn riechen müssen, seine Spuren an mir entdecken, ihnen folgen, Kuss um Kuss, seine Gegenwart auf meiner Haut wittern. Emily drückt mir ihr Gesicht an den Hals, ich spüre ihren Atem, ein Schnüffeln, ein Schniefen, und sie legt meine Haare zur Seite, wendet sie, wie man einen Stein wendet, unter dem sich ein Nest von Asseln und Würmern befindet, und während die Asseln zu neuen Verstecken krabbeln, mit feinen Beinchen ihren noch frischen oder schon rauen Panzer in Sicherheit bringen, dem plötzlichen Lichteinfall entfliehen, krümmen sich die Würmer ohne Richtung, winden ihren nackten, lichtempfindlichen Körper, stoßen mit Kopf und Schwanz zugleich in die Erde. Emilys Atem steht, ich drücke sie an mich, damit sie das Atmen nicht vergisst, sie wird Paul unter meinen Haaren riechen, seine Nacktheit, seine Lust – ein Verlangen, das vor wenigen Wochen noch ihr galt, vielleicht, sie wird ahnen, wie wir uns gewunden haben, wie unsere Körper sich ineinanderbissen, wie Paul sein Gesicht in meine Haare presste, ich meine Beine um seinen Körper schlang, es wird ihr Ekel bereiten – wie der Blick unter einen von der Sonne gewärmten Stein, und ich müsste ihren Ekel ertragen, zuerst, und später ihr Weinen, Emily reibt ihren Kopf an meinen Hals. Ihr Haargel duftet nach Zitrone, es schmiert an mir mit jeder Berührung, am Hals, an meiner Schulter, meinen Haaren – meine Hände sind fettig davon, Emily schüttelt sich, ich spüre ihren

Schmerz unter meinen Händen. Aber sie sagt nichts. Und ich beruhige mich, denke mir, dass ihre Nase geschwollen sein wird, dass sie Paul an mir nicht riechen und erst recht nichts wissen kann.

Ich schließe die Tür hinter Emily, mein Blick fällt auf die Schuhe, die am Boden liegen, zwischen denen sich bis eben noch seine befanden. Mit den Augen suche ich den Raum ab – eine Sonnenbrille, ein Feuerzeug, ein Gegenstand, der mir nicht auffällt, aber ihr –, ob es eine Spur seiner Anwesenheit gibt. Wir gehen an der Tür zum Schlafzimmer vorbei, und meine Hand macht eine unbestimmte Bewegung. Emily fasst meine Hand, ihre Haut klebt an meiner, und sie drückt ihre knochigen kleinen Finger zu, als wolle sie sich meiner versichern, doch meine Hand bleibt reglos in ihrer. Ich gehe Emily voraus in das große Zimmer. Auf dem Tisch steht die Teekanne und daneben eine Tasse, die noch lauwarm sein muss. Ich versuche die zweite Tasse zu entdecken, seine, oder meine, die einer von uns benutzt und irgendwo abgestellt haben wird. Sie steht auf dem Boden neben dem Teppich, und unweit davon liegt ein roter Schnipsel. Es dauert eine Sekunde, bis ich weiß, dass er von der Kondompackung stammt. Ich mache einen großen Schritt zur Seite, stelle meinen nackten Fuß auf den Schnipsel und drehe mich zu Emily um. Sie wirft gerade einen Blick in ihre Plastiktüte, vielleicht sucht sie ein Taschentuch, findet aber nichts und legt die Tüte auf den Tisch.

„Du hast deine Tanzschuhe hier vergessen.“ Ich zeige auf den Beutel, den ich an die Klinke der Zimmertür gehängt habe.

„Nicht so schlimm, ich hab noch welche an der Oper.“

Emily lässt sich in den Sessel fallen, sie stützt das Gesicht in die Hände. Sie hört mit dem Weinen nicht auf. Ich bücke mich, der Schnipsel klebt an meiner Fußsohle, ich ziehe ihn ab und hebe ihn zusammen mit der Tasse auf, ich mache, dass ich an Emily vorbeikomme, die noch immer nicht aufschaut, eine Hand krallt sich an meinem Rock fest, ihre kleine knochige Hand, der Rock rutscht, wenn sie weiter so zieht, sieht sie, dass ich nichts darunter anhabe, denke ich und frage sie, ob sie einen Tee trinken will. Emily nickt. Ihre Nägel bohren sich in meinen Schenkel. „Ich weiß, dass du ihn nicht magst, ich weiß, ich weiß, du hast ihn von Anfang an nicht gemocht.“ Sie schluchzt, und ich erinnere mich. Ich mache ihre Hand von meinem Rock los. „Schwarz oder grün?“

„Weiß nicht.“ Sie schluchzt.

Ich möchte mir die Ohren zuhalten.

Info

Das gestaltende Erschließen literarischer Texte basiert auf den inhaltlichen (und stilistischen) Gegebenheiten der Textgrundlage und darf trotz der subjektiven Akzente, die Sie setzen, nicht mit einer freien Schreibaufgabe verwechselt werden. Ziel ist, dass Sie mit der eigenen produktiven Gestaltung gleichzeitig ein überprüfbares Verständnis der Textgrundlage aufzeigen.

9.1 Erster Schritt: Die Aufgabenstellung verstehen

1 Bei einer gestalterischen Aufgabe bedarf es einer detaillierten analytischen Vorarbeit. Kreuzen Sie an, welche Tätigkeiten in den beiden Aufgabenteilen von Ihnen verlangt werden.

Aufgabenteil	1	2	nicht erforderlich
1. Charakterisierung der beteiligten Figuren (Emily, Ich-Erzählerin, Paul)			
2. Kreativität und Einfallsreichtum			
3. genaue Sprachanalyse			
4. genaue Textkenntnis			
5. Ausgestaltung der Figur Pauls			
6. Imitation des Stils			
7. Stellungnahme zu den Verhaltensweisen der Figuren			
8. Untersuchen der Konstellationen der Figuren zueinander			

Tipp

Die zweite Aufgabenstellung enthält mehrere Anforderungen. Sie müssen aufgrund Ihrer Analyseergebnisse der Gedanken und Gefühle der Ich-Erzählerin und des Charakters von Emily die Reaktion Pauls und das Agieren der Ich-Erzählerin im gewünschten Gespräch stimmig erfinden. Dabei ist die Furcht der Ich-Erzählerin, entdeckt zu werden, zu beachten. Auch müssen sie Ihre Informationen über die Figur Emilys und der Ich-Erzählerin nutzen. Ihr eigener Text muss gut zur Textvorlage passen.

9.2 Zweiter Schritt: Den Text untersuchen, die Analyse schreiben

Zu Aufgabe 1

1 **a** Formulieren Sie Ihren ersten Eindruck der Stimmung, die in der Kurzgeschichte herrscht.
b Fassen Sie den Inhalt der Geschichte in weniger als 100 Wörtern zusammen.
c Analysieren Sie den Umgang mit der Zeit. Begründen Sie dabei durch Auswahl geeigneter Textstellen, ob es sich um Zeitraffung, Zeitdehnung oder Zeitdeckung handelt.

Info

Verhältnis von **Erzählzeit** (= Zeit, in der eine Geschichte gelesen/erzählt wird) und **erzählter Zeit** (= Zeitraum, in dem sich das Geschehen abspielt):

- **Zeitraffung**: Die Erzählzeit ist kürzer als die erzählte Zeit, z. B. im Erzählbericht, wenn Zeitspannen übersprungen und Vorgänge zusammengefasst wiedergegeben werden.
- **Zeitdehnung**: Die Erzählzeit ist länger als die erzählte Zeit, z. B. wenn Gedanken und Gefühle einer Figur in einem kurzen Handlungsmoment ausführlich wiedergegeben werden.
- **Zeitdeckung**: Erzählzeit und erzählte Zeit decken sich in etwa, z. B. beim szenischen Erzählen.

2 Tragen Sie anschließend Ihre Erkenntnisse über Emily und die Ich-Erzählerin in die Tabelle ein und belegen Sie Ihre Ergebnisse.

	Informationen über die Figur/Eigenschaften	Belege/sprachliche Mittel
Emily	liebt ihren Freund Paul verzweifelt, da Paul über Nacht nicht zu Hause war	„ihre Stimme ist leise" (Z. 12); „Emily schluckt ..." (Z. 13)
Ich-Erzählerin	hat schlechtes Gewissen kann mit der Situation nicht umgehen	„Ich möchte mir die Ohren zuhalten." (Z. 73)
Paul	zärtlich skrupellos (?) Teetrinker	

3 Beschreiben Sie, wie die beiden Frauen miteinander kommunizieren. Berücksichtigen Sie dabei sowohl, was gesagt wird, als auch das, was ungesagt bleibt.

	Was sagt/denkt die Figur?	Belege/sprachliche Mittel
Emily	Wir erfahren nichts direkt über Emilys Gedanken, können aber Schlüsse ziehen. Emily ist krank vor Sorge um ihren Freund, weil ...	

c	Was sagt/denkt die Figur?	Belege/sprachliche Mittel
Ich-Erzählerin		

4 Visualisieren Sie, wie die drei Personen zueinander in Beziehung stehen. Sie können sich hierzu entweder eine geometrische Figur überlegen, die die Konstellation gut darstellt, z. B. ein Dreieck oder eine freie Zeichnung.

5 Stellen Sie Überlegungen zur Erzählstrategie an und begründen Sie, warum die Autorin diese Strategie gewählt hat. Stichwörter hierzu: Erzählstandort – Innensicht/Außensicht – Erzählhaltung – Er-/Sie-Erzählform/Ich-Erzählung – Darbietungsformen (Erzählbericht, szenisches Erzählen, Wechselrede der Figuren, erlebte Rede, innerer Monolog).
Schreiben Sie hierzu einen kurzen Text.

6 Sie sind nun in der Lage, den ersten Teil Ihres Aufsatzes zu schreiben, wenn Sie ähnlich wie im Kapitel 6 folgende Schritte anschließen:

a Informationen für den Einleitungssatz zusammentragen.

b Kernthese aufstellen.

c aspektorientierte Interpretationsthesen aufstellen. (Bei dieser Aufgabe sollten Sie sich auf die Figurencharakterisierung und -konstellation, unter Berücksichtigung des Funktionszusammenhangs Sprache – Inhalt, beschränken)

Für eine detailliertere Vorgehensweise schlagen Sie bitte im Kapitel 6 (▶ Seite 50 ff.) nach!

9.3 Dritter Schritt: Den Dialog planen und verfassen

Zu Aufgabe 2

1 Was für ein Mensch ist Paul? Und wie fühlt er sich in dieser Situation?
Gestalten Sie zur Figur des Paul eine Rollenbiografie.

Tipp

Bei der Beantwortung dieser Fragen haben Sie auf der einen Seite Raum für Phantasie, auf der anderen Seite müssen Sie beachten, was Sie im Text zwischen den Zeilen von der Figur erfahren haben.
Eine Rollenbiografie hilft Ihnen, eine Figur und ihr Handeln besser zu verstehen. Hierzu formulieren Sie bestimmte Eigenschaften der Figur aus.

Name: ______________________________

Beruf: ______________________________

Größe: ______________________________

Gewicht: ______________________________

Aussehen: ______________________________

Wesen: ______________________________

Haltung zum Seitensprung: ______________________________

Gefühle für Emily: ______________________________

Gefühle für Ich-Erzählerin: ______________________________

Pläne für die Zukunft: ______________________________

2 Sammeln sie nun Ideen für den Dialog, den die Ich-Erzählerin mit Paul führt.

3 Erstellen Sie eine Verlaufsskizze des Dialogs.

Tipp

Auch beim Verfassen freierer Texte, wie dem hier vorliegenden Dialog, ist es sinnvoll, dass Sie sich, bevor Sie mit dem eigentlichen Schreiben beginnen, eine Struktur überlegen. Hierdurch wird nicht nur Ihr Text besser, da er keine unlogischen Sprünge und Brüche enthält, Sie tun sich auch mit dem Schreiben leichter, denn dann vergessen Sie keine wesentlichen Punkte.

Verlaufsskizze zum Gespräch:

1. Die Ich-Erzählerin bestellt Paul zu sich nach Hause, um über das Gespräch mit Emily zu sprechen.
2. Paul kommt nach der Arbeit vorbei ______________________________
____
3. ______________________________
____
4. ______________________________
____
5. ______________________________
____
6. ______________________________
____
7. ______________________________
____
8. ______________________________
____
9. ______________________________
____
10. ______________________________
____

4 Wie beurteilen Sie folgende Verlaufsskizze?

1. Die Ich-Erzählerin bestellt Paul zu sich nach Hause, um über das Gespräch mit Emily zu sprechen.
2. Paul sagt, dass er keine Lust hat und man könne doch alles am Telefon klären.
3. Die Ich-Erzählerin geht darauf ein.
4. Paul sagt, dass Emily alles weiß. Paul ist das zu stressig und er möchte hiermit die Affäre mit der Ich-Erzählerin beenden.

5 Schreiben Sie nun den Dialog unter Berücksichtigung Ihrer Verlaufsskizze.

9.4 Vierter Schritt: Den Aufsatz überarbeiten und den Arbeitsprozess auswerten

1 Überarbeiten Sie den Interpretationsteil mithilfe folgender Fragen:

Checkliste

Einleitung:
- Enthält meine Einleitung Angaben zum Autor, zur Textart, zum Titel und habe ich das zentrale Thema der Kurzgeschichte umrissen?

Hauptteil:
- Habe ich den Textauszug im Hinblick auf die Charaktere von Emily und der Ich-Erzählerin untersucht?
- Habe ich die Konstellation der beiden und die Kommunikation miteinander analysiert?
- Bin ich auf die sprachlichen Besonderheiten eingegangen?

Schluss:
- Gebe ich am Schluss eine kurze Wertung ab? Stelle ich meine Auffassung, die ich anhand meiner Analyse über die Figurenbeziehung gewonnen habe, noch einmal pointiert dar?

2 Überarbeiten Sie den Dialog mithilfe folgender Fragen:

Checkliste

Stimmigkeit:
- Setzen meine Ausführungen die Machart des Ausgangstextes fort?
- Sind die prägenden Elemente des Textes, die ich analysiert habe, berücksichtigt worden?
- Passt das Denken und Handeln meiner Figur zum Charakter des Ausgangstextes?
- Passen meine Ausführungen in Inhalt und Form zu der Textsorte, die verlangt wird?

Entfaltungsgrad:
- Habe ich meinen Text an den für mich wichtigen Stellen detailliert ausgestaltet oder bleibt alles oberflächlich, da ich eigentlich keine weiterführenden Aspekte finden konnte?
- Habe ich gemäß meinen Voruntersuchungen einen zur Figur passenden Schreibstil gewählt?
- Konnte ich Empfindungen der Figur der Situation gemäß ausdrücken?

Prägnanz:
- Stimmt mein Text mit dem Stil des Ausgangstextes überein?
- Kann ich etwaige Abweichungen vom Ausgangsstil im Hinblick auf die Wirkung begründen?
- Habe ich Formulierungen gewählt, die zum Denken und Handeln der Figur passen?
- Inwiefern habe ich die von mir untersuchte Atmosphäre und die Stimmungslage des Ausgangstextes aufgegriffen und gegebenenfalls weiter fortgeführt?

3 Überdenken Sie nach der Klausur den Arbeitsprozess, indem Sie die Arbeitsschritte noch einmal durchgehen und mit der zeitlichen Planung abgleichen.

4 Machen Sie sich Notizen, welche Aspekte Sie bei einer weiteren Klausur besonders beachten wollen.

10 Rechtschreibung, Zeichensetzung, Grammatik, Zitieren

10.1 Groß- und Kleinschreibung

Info

Großschreibung

Nomen schreibt man groß.
- Nomen erkennen Sie daran, dass Artikel, Pronomen oder Adjektive bzw. Zahladjektive sie begleiten können, z. B. *eine Freundin, dieser Mann, seine Aufgabe, große Gefühle, viele Leute.*
- Wörter anderer Wortarten schreibt man groß, wenn sie als Nomen (Substantiv) gebraucht werden (**Nominalisierung**): *alles Gute, im Allgemeinen, etwas Besonderes, für das Spielen, beim Schlafen.*

Eigennamen schreibt man groß.
- In mehrteiligen Eigennamen mit Bestandteilen, die keine Nomen sind, schreibt man das erste Wort groß. Auch alle weiteren Wörter außer Artikel, Präpositionen und Konjunktionen werden großgeschrieben, z. B. *Totes Meer, Vereinigte Arabische Emirate, Kap der Guten Hoffnung.*
- Ableitungen von geografischen Namen auf *-er* werden großgeschrieben, z. B. *Lüneburger Heide, Bonner Museen, Schweizer Käse.*
- Ableitungen von Eigennamen auf *-isch* schreibt man **klein**, wenn sie nicht fester Bestandteil von Eigennamen sind, z. B. *lutherische Bibelübersetzung, rheinische Spezialität.*

Satzanfänge schreibt man groß.
- Auch das erste Wort eines Titels (*Ein Spiel für die Geschichtsbücher*) oder einer Gliederungsüberschrift (*1.4 Gelingende Kommunikation*) schreibt man groß.

1 **a** Schreiben Sie die Kapitelüberschriften aus den ersten drei Bänden von Bastian Sicks gesammelten Sprachglossen „Der Dativ ist dem Genitiv sein Tod" in der richtigen Groß- und Kleinschreibung auf.
b Unterstreichen Sie Nominalisierungen.

das verflixte dieses jahres • die traurige geschichte von drei englischen ladys • ein hoch dem erdapfel • über das intrigieren fremder wörter • wo beginnt der mittlere osten • die maßlose verbreitung des mäßigen • von der deutschlandweiten not, amerikafreundlich zu sein • lauter erbauliches über laut • zum einfrieren ungeeignet? • kein halten mit halt?

2 Zeichnen Sie eine Tabelle nach dem Muster und tragen Sie die folgenden Ausdrücke in der richtigen Groß- und Kleinschreibung ein.

Historisches/ Persönlichkeiten	bedeutende Institutionen	Urlaubs- oder Ausflugziele	regionale Souvenirs

Tipp

Eigennamen werden nur einzigartigen Lebewesen, festen geografischen Gegebenheiten, bedeutenden Institutionen und bestimmten historischen Ereignissen zugewiesen.

DER OSTFRIESISCHE TEE • DIE MECKLENBURGISCHE SEENPLATTE • DAS DEUTSCHE ROTE KREUZ • DER ZWEITE WELTKRIEG • DIE KULINARISCHEN SPEZIALITÄTEN AUS LÜBECK • DER ALTE FRITZ • DIE RHEINISCH-WESTFÄLSICHE TECHNISCHE HOCHSCHULE AACHEN • DAS JÜDISCHE MUSEUM BERLIN • DIE DEUTSCHEN PARTEIEN • DIE SOLINGER MESSER • DER DEUTSCHE BUNDESTAG IN BERLIN • DER BÖRSENVEREIN DES DEUTSCHEN BUCHHANDELS • DER ALLGEMEINE DEUTSCHE AUTOMOBILCLUB • DIE OSTFRIESISCHEN INSELN • DIE HOLSTEINISCHE SCHWEIZ • DAS SÜDLICHE DEUTSCHLAND • LUDWIG VAN BEETHOVEN • WALTHER VON DER VOGELWEIDE • DIE GOLDENEN ZWANZIGER

3 Korrigieren Sie Fehler bei der Groß- und Kleinschreibung im folgenden Inhaltsverzeichnis eines Praktikumsberichtes.

Inhaltsverzeichnis	Inhaltsverzeichnis
1. allgemeines zum Unternehmen und zu Meinem Praktikum	__________
2. mein Arbeitsplatz	__________
a) erforderliche Kompetenzen	__________
b) Ausbildungs- und weiterbildungsmöglichkeiten	__________
c) persönliche Eindrücke	__________
3. typischer Ablauf eines Praktikumstages	__________
4. besondere Ereignisse und Erfahrungen	__________
5. abschließender Kommentar zu Meinem Praktikum	__________

Info

Groß- und Kleinschreibung bei der Anrede

- Die formelle Anrede (*Sie*) und die damit verbundenen Pronomen (z. B. *Ihnen*, *Ihr*) schreibt man groß.
- Bei der vertraulichen Anrede *du*, *ihr* und den damit verbunden Pronomen (z. B. *dein*, *euer*) können Sie in Briefen zwischen Groß- und Kleinschreibung wählen. Sie sollten bei der einmal gewählten Schreibform bleiben.

4 Entscheiden Sie sich in folgendem Brief für Groß- oder Kleinschreibung an den gekennzeichneten Stellen. Klären Sie dafür, ob es sich jeweils um ein Anredepronomen oder ein Personalpronomen handelt.

Sehr geehrte Frau Mersch,

erlauben sie/Sie, dass ich mich ihnen/Ihnen zunächst vorstelle: Ich heiße Michaela Scheffer, bin 23 Jahre alt und studiere jetzt im 3. Semester die Fächer Deutsch und Wirtschaft für das Lehramt Berufskolleg.
Eine Kommilitonin machte mich auf das Nell-Breuning-Berufskolleg aufmerksam, indem sie/Sie mir mit Begeisterung von ihrem/Ihrem Praktikum dort berichtete. Sie erzählte mir von sehr selbstständigen und freien Unterrichtsmethoden und einem tollen Lernklima an ihrer/Ihrer Schule.
Ich war von Anfang an begeistert und möchte sie/Sie daher fragen, ob sie/Sie für die Wochen vom 07.09. – 07.10. einen Praktikumsplatz für mich an ihrer/Ihrer Schule frei hätten?
Mit freundlichen Grüßen

ihre/Ihre
Michaela Scheffer

Info

Besondere Fälle der Groß- und Kleinschreibung

Tageszeiten und Wochentage

- Bezeichnungen für Tageszeiten und Wochentage werden großgeschrieben, wenn sie Nomen sind. Man erkennt sie an den Nomensignalen (Artikel, Präposition, vorangestelltes Adjektiv oder Pronomen), z. B. *der Morgen, gegen Abend, dieser Mittwoch.*
- Bezeichnungen für Tageszeiten und Wochentage werden kleingeschrieben, wenn sie Adverbien sind, z. B. *dienstags, abends, morgen.*
- Bei zweiteiligen Tageszeitenangaben schreibt man die Adverbien klein und die Nomen groß, z. B. *heute Abend, gestern Nachmittag.* Verbindungen aus Wochentag und Tageszeit werden als zusammengesetzte Nomen großgeschrieben: *Sonntagmorgen, Donnerstagabend.* In adverbialisierter Form werden sie – wie die übrigen Zeitadverbien (s. o.) – kleingeschrieben. Man erkennt die Adverbialisierung am angehängten *-s*, z. B.: *freitagabends, samstagnachts.*

Denominalisierung

- Wörter, die in der gleichen Schreibweise als Nomen vorkommen, aber in ihrer Verwendung keine Merkmale von Nomen mehr aufweisen, werden kleingeschrieben, z. B. *dank dieser Hilfe, kraft ihres Amtes, um des lieben Frieden willens.*
- Dies gilt auch für bestimmte mit *sein* oder *werden* verbundene Adjektive, z. B. *schuld sein, angst und bange werden, leid sein.*

Feste Verbindungen aus Adjektiv und Nomen (Substantiv)

- Die Schreibung von Verbindungen aus Adjektiv und Nomen ist nicht in allen Fällen eindeutig geregelt. In der Regel wird das Adjektiv in einer solchen Verbindung kleingeschrieben, wenn es sich nicht um einen Eigennamen handelt, z. B. *das schwarze Brett, der grüne Tee, das kooperative Lernen.*

5 Lösen Sie auf einem gesonderten Blatt die Satzschlangen auf. Achten Sie auf die Groß- und Kleinschreibung. Unterstreichen Sie die Zeitangaben.

1. berlinistjederzeiteinereisewert.
2. schoninwenigentagenkannmaneinenbleibendeneindruckvonderstadtgewinnen.
3. vonmontagmorgenbissonntagnachtkannmanvieleserleben.
4. biszumfrühenmorgentrifftmannachtschwärmer,daberlinkeinesperrstundehat.
5. vielemuseensindjedochmontagsganztägiggeschlossen.

6 Setzen Sie die Adjektive in die Lücken ein. Achten sie auf die richtige Groß- und Kleinschreibung. Schlagen Sie im Zweifelsfall im Wörterbuch nach und informieren Sie sich, in welchen Fällen beide Schreibweisen richtig sind.

aktuell	grün	fleißig	gelb	blau

1. Das ________________ Trikot erhält der Spitzenreiter bei der Tour de France.
2. Die ________________ Stunde ist eine der beliebtesten regionalen Nachrichtensendungen.
3. Das ________________ Gewölbe gehört zu den berühmtesten Sehenswürdigkeiten in Dresden.
4. Auf einen ________________ Brief reagiert wohl kaum eine Schülerin oder ein Schüler gelassen.
5. Das ________________ Lieschen ist in Deutschland eine beliebte Balkonpflanze.

10.2 Getrennt- und Zusammenschreibung

Info

Verbindungen aus Verb und Verb

- Verbindungen aus zwei Verben werden in der Regel getrennt geschrieben, z. B. *spazieren gehen, laufen lernen, schwimmen gehen*. Zusammen- oder Getrenntschreibung ist möglich bei *kennen lernen/kennenlernen*.
- Verbindungen mit *bleiben* und *lassen* als zweitem Bestandteil können zusammengeschrieben werden, wenn sie eine neue, übertragene Bedeutung haben, z. B. *liegen bleiben/liegenbleiben* (= unerledigt bleiben).
- Nominalisierung/Substantivierung von Verb und Verb schreibt man in einem Wort und groß: *das Spazierengehen, das Laufenlernen, das Schwimmengehen*.

1 Streichen Sie die Schreibweisen, die nicht möglich sind, durch.

1. a) Alle Aufräumarbeiten sind wieder einmal bis zum Wochenende liegen geblieben/liegengeblieben.
   b) Dieser Badeabzug ist in der Umkleidekabine liegen geblieben/liegengeblieben.
   c) Der LKW ist auf der Landstraße liegen geblieben/liegengeblieben
2. a) Es war eine Unverschämtheit, mich in dieser Situation einfach stehen zu lassen/stehezulassen.
   b) Es war eine Unhöflichkeit, das verschmutzte Geschirr stehen zu lassen/stehenzulassen.
   c) Das Stehen lassen/Stehenlassen von Wohnmobilen über Nacht ist auf diesem Parkplatz verboten.
3. a) Unser Kennen lernen/Kennenlernen war eine große Freude für mich.
   b) Diese neue Methode kennen zu lernen/kennenzulernen, bedeutete eine wirklichen Fortschritt.
   c) Bei nächster Gelegenheit würde ich gerne die Autorin persönlich kennen lernen/kennenlernen.
4. a) Ich habe erst mit über zwanzig Jahren lesen gelernt/lesengelernt.
   b) Lesen und Schreiben lernen/Lesen- und Schreibenlernen fällt im höheren Alter sehr schwer.
   c) Uns hat es viel Freude gemacht, kreativ schreiben zu lernen/schreibenzulernen.

Info

Verbindungen aus Nomen und Verb

- Verbindungen aus Verben und Nomen werden in der Regel getrennt geschrieben, z. B. *Daumen drücken, Fenster putzen, Auto fahren*.
- Zusammen und klein schreibt man Verbindungen, in denen der erste Bestandteil als Nomen verblasst ist, wie z. B. in *eislaufen, kopfstehen, kundgeben, preisgeben, standhalten, stattfinden, teilnehmen, wettmachen, schlafwandeln, handhaben, schlussfolgern*.
- Zusammenschreibung oder Getrenntschreibung ist möglich bei: *Dank sagen/danksagen, Gewähr leisten/gewährleisten, Acht geben/achtgeben, Halt machen/haltmachen, Maß halten/maßhalten, Brust schwimmen/brustschwimmen, Staub saugen/staubsaugen, Marathon laufen/marathonlaufen*.
- Die Nominalisierung/Substantivierung von Nomen und Verb schreibt man in einem Wort und groß: *das Daumendrücken, das Fensterputzen, das Autofahren*.

2 Schreiben Sie die folgenden Sätze mit abgetrennten Wörtern und in richtiger Groß- und Kleinschreibung auf ein gesondertes Blatt. Markieren Sie Verbindungen aus Nomen und Verben sowie nominalisierte Verbindungen mit jeweils unterschiedlichen Farben.

Schülerjob

1. jugendlichewollenamlebeninderkonsumgesellschaftteilhaben; dabeigehtesoftumsklamottenkaufen,tanzengehenoderherunterladenderneuestenhandyklingeltöne.
2. keingrundzumschwarzsehen:jobsnebenderschulekönnenbeileeremgeldbeutelabhilfeschaffen.
3. elternundlehrermögendanochsosehrkopfstehen,schülerinnenundschülerdürfensichaussichtdesg esetzgebersineinemgewissenrahmenarbeitsuchen.
4. auchjugendlichesindimargumentefindengut:„esistdochbesserdassichzeitungenaustragodereisve rkaufe,alsdassdiepolizeimichbeimherumhängenundmusikhörenimparkerwischt."
5. einerstudiezufolgegehtesbeimjobbendenmeistenumsgeldverdienen,einigenumden„fun"-fak- torundnochanderewollenerfahrungensammeln.

Info

Verbindungen aus Adjektiv und Verb

- Verbindungen aus Adjektiv und Verb werden meistens getrennt geschrieben, z. B. *schmutzig machen, offen stehen, gut aussehen.*
- Haben Kombinationen aus Adjektiv und Verb zusammen eine neue Bedeutung, so werden sie zusammengeschrieben, z. B. *schiefgehen, rotsehen, kleinkriegen.*
- Verbindungen mit *sein* werden immer getrennt geschrieben, z. B. *müde sein, anwesend sein, dabei sein, sauer sein.*

3 **a** Ordnen Sie die zusammengeschriebene Verbindung aus Adjektiv und Verb ihrer entsprechenden übertragenen Bedeutung zu.

1. gutheißen	☐	a) zum Stillstand bringen
2. dichtmachen	☐	b) unentschuldigt fehlen
3. lahmlegen	☐	c) nicht als Belastung empfinden
4. leichtnehmen	☐	d) verdeutlichen
5. blaumachen	☐	e) (z. B. ein Geschäft) schließen/aufgeben
6. klarmachen	☐	f) billigen

b Formulieren Sie jeweils einen Satz, in dem das Verb in seiner übertragenen Bedeutung vorkommt.

Info

Verbindungen aus Partikel und Verb

- Verbindungen aus Partikel und Verb werden zusammengeschrieben, wenn die Betonung auf der Partikel liegt. Partikeln sind Wortbestandteile, die nicht flektiert werden können. Dazu gehören
  - Präpositionen (z. B. *durchmachen, mitspielen*),
  - Adverbien (z. B. *fortgehen, wiederkommen*) und
  - Wortbestandteile, die nicht als selbstständige Wörter vorkommen (z. B. *darstellen, innehalten*)
- Verbindungen aus Partikel und Verb werden getrennt geschrieben, wenn beide Teile eine Betonung tragen, z. B.: Wir können heute *zusámmen éssen.*

Tipp Probieren Sie in solchen Fällen unterschiedliche Betonungen aus.

4 Schreiben Sie die Verben nach ihrer Bedeutung getrennt oder zusammen in die Lücken. Jedes Verb wird zweimal eingesetzt.

gegenüber?sehen • davon?kommen • zusammen?spielen • da?bleiben

Da bei Susan vieles – Schule, Hobby, Freund und Job – (1) ______________________ muss, hat sie für sich das Hundesitten entdeckt. Beim Ehepaar Meier von nebenan ist sie gern gesehen, weil dieses sich durch Schichtdienst und einen sehr bewegungsfreudigen Hund immer wieder logistischen Problemen (2) ______________________. Wenn Susan auf ihren Spaziergängen die große Wiese erreicht hat, kann der Hund die Pferdekoppel (3) ______________________ und versucht oft, sich loszureißen. Da hilft nur ein: „Du sollst (4) ______________________, wo du hingehörst! Bei Fuß!“ und meist gehorcht der Hund. „Da sind wir noch einmal (5) ______________________!“, ruft Susan erleichtert aus und kann noch eine Weile (6) ______________________.
Und als Erklärung schiebt sie hinterher: „Das alles ist (7) ______________________, dass dieser Hund nicht allein, sondern nur (8) ______________________ kann.“

5 Entscheiden Sie an den markierten Stellen, ob die jeweilige Getrennt- oder Zusammenschreibung richtig oder falsch ist: Der Text enthält 14 richtige und 9 falsche Schreibweisen.

Aushilfe im Eiscafé gesucht!

Wie jeden Sommer, wenn die Gäste (1 ☐) Schlange stehen, um sich in unserem Eiscafé beim (2 ☐) Kuchen essen und (3 ☐) Kaffeetrinken entspannen zu wollen, suchen wir patente Schülerinnen und Schüler, die (4 ☐) gutarbeiten.
Da gibt es erst einmal die Standardarbeiten: Gläser und Teller (5 ☐) sauberpolieren, servieren, Tische (6 ☐) leerräumen und natürlich beim Kassieren (7 ☐) genau rechnen. (8 ☐) Dazukommen die Ausnahmesituationen: Wenn du dich bei schönem Wetter an den vollen Tischen (9 ☐) vorbei schlängelst, ist das wie beim (10 ☐) jonglieren üben im Zirkus. Oder: Manch ein Stammgast liebt das (11 ☐) Autofahren auch nach fünf Amarettobechern; dann wirst du (12 ☐) darauf achten müssen, dass nichts (13 ☐) schief geht und er in Zukunft vielleicht besser (14 ☐) Rad fährt.
Das ununterbrochene freundliche Lächeln und (15 ☐) Tischabwischen kann einen schon (16 ☐) mürbemachen, doch auch wenn der Ansturm noch so (17 ☐) groß ist, dürfen deine Nerven nicht (18 ☐) verrückt spielen. Dafür ist es umso schöner, wenn sich alle Mitarbeiter – bevor sie (19 ☐) Heim gehen – zu einem Eis auf die Hand (20 ☐) zusammenfinden und sich langsam Entspannung (21 ☐) breitmacht. Am nächsten Tag möchten wir dann (22 ☐) wiedersehen, wie du dann voll Tatendrang zu uns anderen (23 ☐) dazustößt.

10.3 *das-/dass*-Schreibung

Info

das – dass

Die richtige Schreibung von *das* oder *dass* kann man häufig durch Ersatzproben ermitteln.

- ***das*** als **Artikel**, z. B.: *Das Haus wurde von den Wassermassen zerstört.*
  Der Artikel *das* kann durch *dieses* ersetzt werden: *Dieses Haus wurde ...*
- ***das*** als **Demonstrativpronomen**, z. B.: *Das war ein großes Unglück.*
  Das Demonstrativpronomen *das* kann ebenfalls durch *dieses* ersetzt werden: *Dieses war ein großes Unglück.*
- ***das*** als **Relativpronomen**, z. B.: *Das Boot, das die Bewohner rettete, ...*
  Das Relativpronomen *das* kann durch *welches* ersetzt werden: *Das Boot, welches ...*
- die **Konjunktion *dass***, z. B.: *Es grenzte an ein Wunder, dass alle überlebten.*
  Die Konjunktion *dass*, die einen Nebensatz einleitet, *kann nicht ersetzt werden.*

1 Entscheiden Sie sich bei folgendem Text für *das* oder *dass*, indem Sie überprüfen, in welchen Fällen Ersatzproben möglich sind. Streichen Sie die jeweils falsche Schreibung durch.

David Almond u. a.

Klick!". Zehn Autoren erzählen einen Roman (2009)

Lieber Jason, begann der Brief. *Wie schade, das/dass so viele Dinge eine Mauer zwischen uns aufgerichtet haben. Und wie schade, das/dass ich nicht dein richtiger Großvater bin. [...] Wie schade, das/dass in deiner Welt kein Platz für mich ist, sonst wäre mein Leben nahezu vollkommen.*
Wie schade, das/dass deine Mutter dich so sehr liebt, denn es wird ihr das/dass Herz brechen, wenn du nach Tobago gehst. Und das/dass du das/dass wirst, wissen wir alle. Auch Frank und Maggie werden am Boden zerstört sein. Ob es dir passt oder nicht – für Maggie bist du ein Held. Wenn du gehst, wird sie sich fragen, was sie getan hat, das/dass du wegwolltest.
Und schließlich finde ich es schade, das/dass du mir etwas stehlen musstest. Brauchst du Geld für Tobago? Ist es das/dass, Jason, mein lieber, lieber Junge? Frag mich doch einfach.
An einem Ort, an den du nur mit gestohlenem Geld gelangst, wirst du nie glücklich sein, irgendwann wird das/dass schlechte Gewissen dich von der Insel vertreiben. Das/Dass weiß ich, weil ich einmal einen ähnlichen Fehler begangen habe [...] Denk noch einmal nach über das/dass, was du vorhast, Jason. Wir geben dir Liebe, Essen und ein Dach über dem Kopf, und du wirfst es uns wieder vor die Füße. Und wofür das/dass alles? [...] Das/Dass ist mein letzter Brief an dich. Mir bleibt noch ungefähr eine Woche, und ich muss noch vielen Menschen schreiben. Das/Dass wird also mein letztes Geschenk an dich sein, Jason [...]

Tipp

Sind Sie neugierig geworden auf das Buch, aus dem dieser Auszug stammt? Hier die Angaben dazu: David Almond u. a.: „Klick!". Zehn Autoren erzählen einen Roman. München: Hanser 2009.

2 **a** Ergänzen Sie in den Lücken *das* oder *dass*, nachdem Sie eine Eratzprobe durchgeführt haben.
b Tragen Sie in die Klammer ein, ob es sich um den Artikel, das Demonstrativpronomen, das Relativpronomen oder um die Konjunktion *dass* handelt.

________ (________________) ist ein Buch, ________ (________________) man jedem weiterempfehlen kann. ________ (________________) Besondere daran ist, ________ (________________) jedes Kapitel von jemand anderem stammt. ________ (________________) erste Kapitel, ________ (________________) den Grundstein legt, macht es möglich, ________ (________________) die Geschichte in verschiedene Richtungen weitergeführt wird.

10.4 Kommasetzung

Info

Kommasetzung bei der Reihung von gleichwertigen Satzgliedern oder Sätzen

Komma in Aufzählungen

- Wörter und Wortgruppen in Aufzählungen werden durch Kommas abgetrennt: *Mit Wolle, Garn, Stoffen, Perlen kann man immer etwas anfangen.*
- Vor den entgegenstellenden Konjunktionen *aber, jedoch, sondern, doch* steht ebenfalls ein Komma, z. B.: *Langeweile ist unschön, aber kein unlösbares Problem.*
- Kein Komma steht vor den nebenordnenden Konjunktionen *und, oder, sowie, entweder … oder, sowohl … als auch*, z. B.: *Man kann entweder auf Rettung von außen warten oder selbst aktiv werden und sich etwas einfallen lassen.*

Komma in der Satzreihe

- Teilsätze in der Satzreihe (Hauptsatz + Hauptsatz) werden durch Komma abgetrennt, z. B.: *Der Nachmittag ist lang, die Langeweile ist groß, die Freunde sind alle unterwegs.*
- Vor den entgegenstellenden Konjunktionen *aber, sondern, doch, jedoch* steht ein Komma: *Nadine würde gerne in ihrem Krimi lesen, aber sie muss noch Hausaufgaben machen.*
- Vor den nebenordnenden Konjunktionen *und, oder, entweder … oder, sowohl … als auch* muss kein Komma stehen. Es kann aber zur Verdeutlichung gesetzt werden, z. B.: *Mathilda trifft sich entweder mit Jonas(,) oder sie fährt mit ihrer Mutter in die Stadt.*

1 Setzen Sie im folgenden Rezept alle fehlenden Kommas.

Scheiterhaufen

Sie brauchen für diesen Nachtisch:
3 Milchbrötchen 3/8 l Milch 50 g Zucker 1 Ei 500 gr Äpfel 50 gr Sultaninen sowie etwas Butter. Die Brötchen in 1 cm dicke Scheiben schneiden; die Hälfte der Milch mit Zucker und Ei verquirlen und über die Brötchenscheiben gießen. Die Äpfel schälen halbieren und grob raspeln oder in feine jedoch nicht zu dünne Scheibchen schneiden. In eine gefettete feuerfeste Form abwechselnd schichtweise die Brötchenscheiben Äpfel und Sultaninen geben die restliche Milch darübergießen zuletzt Butterflöckchen obenauf verteilen. Den Auflauf bei 170° 25–35 Minuten backen. Als Beilage schmecken sowohl Fruchtsoßen als auch Kompotts sehr gut aber auch einfach nur bisschen Puderzucker.

2 **a** Lösen Sie das Rätsel: Wenn man die Aussagen kombiniert, kann man zuordnen, was Felicia, Paul und Marlen spielen.
b Lesen Sie die Sätze zunächst mit Sprechpausen vor, überlegen Sie, wo Kommas zu setzen sind, und überprüfen Sie Ihre Überlegungen anhand der Regeln im Kasten oben.
c Setzen Sie dann in allen Sätzen die fehlenden Kommas.
d Formulieren Sie auch einen Lösungssatz und achten Sie auf die Kommasetzung:

Rätsel
1. Jemand spielt Klavier jemand anderes spielt Theater jemand drittes spielt Fußball.
2. Paul spielt entweder ein Instrument oder er spielt Fußball.
3. Felicia spielt kein Instrument und sie macht keinen Sport.
4. Marlen spielt nicht Klavier sondern sie spielt Geige.
5. Wer spielt Klavier wer spielt Theater und wer spielt Fußball?

Info

Komma im Satzgefüge

Kommas grenzen Nebensätze von Hauptsätzen ab. Dabei sind verschiedene Satzstellungen möglich:

Hauptsatz + Nebensatz

Eltern haben meistens keine Gewinnchance, — NS —
— HS — *wenn sie mit ihren Kindern Memory spielen.*

Nebensatz + Hauptsatz

— NS — *sollten die Kinder sie mal gewinnen lassen.*
Weil sie dann leicht die Lust verlieren, — HS —

Hauptsatz (Anfang) + Nebensatz + Hauptsatz (Ende)

Das Gedächtnis, — NS — *funktioniert bei Kindern einfach besser.*
— HS (Anf.) — *das bei diesem Spiel trainiert wird,* — HS (Ende) —

3 Verbinden Sie die beiden Hauptsätze jeweils zu einem Satzgefüge. Wählen Sie dazu eine passende Konjunktion und setzen sie das notwendige Komma.

1. a) Für Erwachsene ist das Spielen keine Selbstverständlichkeit. b) Häufig fehlt ihnen die Zeit.

____

2. a) Aber Erwachsene bekommen irgendwann Kinder. b) Dann werden sie schnell wieder mit dem Spielen vertraut.

____

3. a) Eigentlich hat man keine Lust zum Puzzeln oder Kartenspielen. b) Aber man beugt sich seufzend den drängenden Wünschen des Nachwuchses.

____

4. a) Manchmal macht es dann doch auch Spaß. b) So schlägt man das nächste Mal selbst einen Spielenachmittag vor.

____

4 a Im folgenden Text fehlen alle Kommas zwischen Haupt- und Nebensätzen: Unterstreichen Sie in den Satzgefügen die Hauptsätze, unterstricheln Sie die Nebensätze und setzen Sie die fehlenden Kommas.

Rolf-Bernhard Essig (geb. 1963)

Eine Milchmädchenrechnung (2009)

Es war einmal ein Mädchen das arbeitete bei einem Bauern. Weil es so fleißig war bekam es genug zu essen und dazu etwas Geld für Kleidung. Zum Sparen war es aber zu wenig. Eines Tages sagte der Bauer zu ihm: „Marie, du hast wieder fleißig gearbeitet. Dafür will ich dich extra belohnen. Hier, diesen Krug Milch schenke ich dir. Mach damit, was du möchtest.“ Marie freute sich sehr und wollte ihn erst selbst trinken. Dafür war es aber zu viel. Also wollte sie die Milch auf dem Markt verkaufen. Sie (1) nahm den Krug, setzte ihn auf den Kopf, hielt ihn gut fest und ging los. Auf dem Weg zum Markt dachte sie: „Wenn ich die Milch verkaufe dann verdiene ich so viel damit dass ich mir ein Huhn kaufen kann. Das Huhn frisst was es findet und es legt jeden Tag ein Ei. Die Eier kann ich wieder auf dem Markt verkaufen. Nach einem Jahr habe ich damit so viel Geld verdient dass ich eine Kuh kaufen kann. Die frisst nur Gras und braucht sonst nichts. Ihre Milch kann ich wieder auf dem Markt verkaufen. Nach einem Jahr oder zweien habe ich so viel verdient dass ich ein kleines Stück Land kaufen kann. (2) Da grast die Kuh, da pickt das Huhn, da kann ich auch Kartoffeln anbauen. Mit (3) den Kartoffeln, den Eiern und der Milch zusammen verdiene ich in wenigen Jahren so viel dass ich einen Bauernhof kaufen kann. Dann bin ich nicht mehr arm und kann mir einen reichen

Bauernsohn anlachen der mich ..." In diesem Moment aber stolperte Marie. Sie hatte sich nämlich alles so farbig ausgemalt dass sie gar nicht mehr auf den Weg achtete. Und als sie stolperte flog der Milchkrug im hohen Bogen von ihrem Kopf. Er fiel auf einen Stein und zerbrach. Die Milch ergoss sich rings umher. (4) Da weinte Marie, denn ihre Träume hatten sich genau wie der Krug zerschlagen.

b An den markierten und nummerierten Stellen (1–4) sind bereits Kommas gesetzt: Begründen Sie, nach welcher Regel hier jedes Komma steht.

(1) ____________________

(2) ____________________

(3) ____________________

(4) ____________________

Tipp

Kommasetzung bei erweitertem Infinitiv
Infinitivgruppen (erweiterter Infinitiv = Infinitiv + *zu* + mindestens ein weiteres Wort) sollte man durch Komma vom Rest des Satzes abtrennen. Es gibt Sonderregelungen, wann ein Komma gesetzt werden muss (z. B. vor *um* + Infinitiv mit *zu*). Es *kann* aber immer ein Komma gesetzt werden.
Um Fehler zu vermeiden, empfiehlt es sich deshalb, generell ein Komma zu setzen, z. B.:
Sie ging zum Arzt, um ein Attest zu bekommen.

5 Setzen Sie die fehlenden Kommas. Achten Sie auf Reihungen und Aufzählungen, auf Nebensätze und erweiterte Infinitive.

Als Fremdsprachler in Deutschland

Nana Mouskouri, Sängerin, Griechenland
Ich dachte lange dass es vom Wort „Besen" auch ein Verb gibt und habe oft gesagt: „Die Frau best den Schnee zusammen!"

Rafik Schami, Schriftsteller, Syrien
Raureif
Als ich am ersten Morgen im Heidelberger Studentenwohnheim aufwachte dachte ich: Trotz der Kälte verführt die Stadtverwaltung ihre Einwohner aus dem Haus und durch diese verzuckerte Landschaft zu gehen. In der Küche sagte ein Student sehr nuanciert: „Das heißt R a u r e i f." Dieses Wort hat so was Zauberhaftes!
Ausverkauf
Dieses Wort habe ich auf einem Schaufenster entdeckt. Die Deutschen benutzen ja sehr viele Vorsilben: aus- ein- ent- auf- ver- etwa bei „Auskommen" „Einkommen" „bekommen" – als ob sie jedes Wort von vorn bis hinten auspressen wollen bis es nichts mehr hergibt. „Ausverkauf" konnte ich mir nur merken weil es nach 15 Jahren als ich weggezogen bin immer noch am Schaufenster hing. Seitdem weiß ich dass man Teppichhändler nicht unterschätzen darf.

Chris Dercon, Direktor im Münchner Haus der Kunst, Belgien
Genehmigung
Ein Wort das man in München sehr oft benötigt. Ich habe lange gebraucht um es zu verstehen. Am Anfang dachte ich immer „Genehmigung" sei das Gleiche wie „Zustimmung". Ich habe dann zu jemandem gesagt: „Ich brauche Ihre Zustimmung für dies und das." Dann sagte er: „Meine Zustimmung haben Sie aber Sie brauchen noch eine Genehmigung!"
Lynchen
Eigentlich will ich zu Mittag essen meine Mitarbeiter sagen dazu „lunchen". Ich kriege das Wort aber nicht richtig hin sage „lynchen" manchmal auch „loungen". Was heißt „lynchen" eigentlich genau? Jemanden umbringen? Deswegen schauen mich alle so komisch an!

Lucia Aliberti, Sängerin, Italien
Kälte ist nicht gut für meine Stimme aber überall lauern Klimaanlagen. Ich sage dann: „Bitte warm machen!“ Das kann ich inzwischen in Englisch Deutsch Spanisch Französisch Russisch und sogar Japanisch.

David Sedaris, Schriftsteller, USA
Früher habe ich in Chicago das Haus einer fröhlichen Deutschen geputzt die ich gebeten habe mir die Sprache beizubringen. Meine Begeisterung überforderte sie allerdings also lernte ich am Ende nur „Kockloffel“ „Tishdecke“ „Sammeltassen“ und diesen herrlichen alten Ausdruck „Eisschrank“.

Info

Kommasetzung bei der wörtlichen Rede
Die wörtliche Rede in einem Text steht in Anführungszeichen.
Welche Satzzeichen gesetzt werden müssen, hängt davon ab, wo der Begleitsatz steht.

Redebegleitsatz		
vor der wörtlichen Rede	**in der wörtlichen Rede**	**nach der wörtlichen Rede**
Zwischen einem einleitenden Redebegleitsatz und der wörtlichen Rede steht ein Doppelpunkt, z. B.: *Ich habe gefragt: „Sollen wir Eisenbahn spielen?“* *Max wendet ein: „Der Weg ist nicht breit genug.“*	Der eingeschobene Begleitsatz wird durch Komma abgetrennt, z. B.: *„Ach nein“, hab ich gesagt, „das kenn ich schon.“* *„Moment“, ruft Otto, „Nick hat Recht.“*	Der nachgestellte Begleitsatz wird durch ein Komma von der wörtlichen Rede abgetrennt, z. B.: *„Nicht schon wieder!“, ruft Mama.* *„Kannst du nicht aufpassen?“, schimpft Papa.* *„Ich passe doch auf“, sage ich.*

6 Im folgenden Textauszug fehlen alle Satzzeichen bis auf den Punkt als Satzschlusszeichen. Setzen Sie die fehlenden Satzzeichen. Achten Sie besonders auf die Zeichensetzung bei der wörtlichen Rede.

Alina Bronsky (geb. 1978)

Scherbenpark (2008)

Seit ich weiß dass ich Vadim umbringen werde geht es mir schon viel besser. Ich habe es auch meinem kleinen Bruder Anton versprochen der neun Jahre alt ist. Ich glaube seitdem geht es ihm auch besser. Als ich ihm davon erzählt habe hat er die Augen aufgerissen und atemlos gefragt Und wie willst du das machen

Ich habe so getan als hätte ich alles im Griff Es gibt tausend Möglichkeiten habe ich gesagt ich kann ihn vergiften erwürgen erdrosseln erstechen vom Balkon werfen mit einem Auto überfahren.

Du hast doch gar kein Auto sagte mein Bruder Anton und natürlich hatte er recht.

Ich komme im Moment auch nicht an den Vadim ran sagte ich da du weißt doch er sitzt im Gefängnis. Er bleibt doch noch viele Jahre drin.

Dann dauert es noch so lange fragte Anton.

Schon sagte ich aber das ist auch gut so. Ich kann mich besser vorbereiten. Weißt du es ist gar nicht so einfach jemanden umzubringen wenn man es noch nie gemacht hat.

Beim nächsten Mal geht es bestimmt besser sagte Anton fachmännisch.

Ich will erst mal dieses eine Mal über die Bühne bringen sagte ich. Es soll kein Hobby werden.

Tipp

Sind Sie neugierig geworden auf das Buch, aus dem dieser Auszug stammt? Hier die genauen Angaben dazu: Alina Bronsky: Scherbenpark. Köln: Verlag Kiepenheuer & Witsch. 2008.

7 Finden und korrigieren Sie alle Kommafehler im folgenden Text:

a Es sind sieben Kommas zu viel gesetzt. Markieren Sie diese rot.

b Es fehlen elf Kommas. Setzen Sie diese Kommas im Text und weisen Sie am Rand mit einem Stichwort auf die Regel hin, nach der jeweils das Komma gesetzt werden muss.

Lisa: Kommas und ich

Ich und die Zeichensetzung waren immer schon zwei Welten die nicht zusammenpassen wollten. In der Grundschule hielten sich die Fehlerzahlen noch in Grenzen, bzw. es wurde auch nicht so genau darauf geachtet jedoch auf der weiterführenden Schule wurde es nicht unbedingt besser. Ich denke das lag daran dass ich zwar schon immer gerne gelesen, und auch geschrieben habe, mich allerdings die sprachlichen Strukturen dahinter nie wirklich interessiert haben. Die Rechtschreibung, bzw. Grammatik habe ich, aufgrund des vielen Lesens relativ gut auf die Reihe bekommen doch die Kommasetzung hatte es mir einfach nicht angetan. Ich fand es auch, wirklich, nicht interessant Sätze in ihre Bestandteile, wie Subjekte Objekte usw. auseinanderzunehmen oder herauszufinden worin sich Haupt- und Nebensätze unterscheiden. Ich habe das Nachdenken über Zeichensetzungsregeln immer als Behinderung und Begrenzung beim Schreiben gesehen. Und ich denke dass bis auf Menschen, die sich in ihrem Studium oder Beruf mit der Materie wohl oder übel beschäftigen müssen niemand oder die wenigsten ohne Kommafehler schreiben. Ich glaube aber dieses Problem ist, im Laufe der Schulzeit und Ausbildung bei mir doch schon etwas besser geworden.

Tipp

Kommafehler vermeiden

Die häufigsten Kommafehler können Sie vermeiden, wenn Sie auf Folgendes achten:

- Die Satzlänge allein ist kein Kriterium dafür, dass ein Komma gesetzt werden muss!
- Signalwörter für Nebensätze sind vor allem die Relativpronomen, z. B. *der, die, das*, und Konjunktionen, die den Nebensatz einleiten, z. B. *dass, weil, obwohl, damit, nachdem, als, wenn, sodass* etc.
- Vergessen Sie bei einem eingeschobenen Nebensatz nicht das zweite Komma!
- Setzen Sie bei erweiterten Infinitiven sicherheitshalber immer ein Komma!
- Bei Vergleichen mit *wie* oder *als*, in die nur Wörter oder Wortgruppen (keine ganzen Sätze) einbezogen sind, steht kein Komma!
- Vor *sowie, bzw., entweder ... oder* wird in der Regel kein Komma gesetzt (außer, wenn ein ganzer Satz folgt)!

10.5 Konjunktiv

Info

Bildung des Konjunktivs

Der **Konjunktiv I** wird abgeleitet vom Infinitiv des Verbs. Typisch für diesen Modus des Verbs ist das eingefügte *-e-* vor der Personalendung. In einigen Formen stimmt der Konjunktiv I mit dem Indikativ überein. Der **Konjunktiv II** wird vom Indikativ Präteritum abgeleitet. An dessen Wortstamm werden die Konjunktivendungen gehängt. Gibt es im Wortstamm des Präteritums eines starken Verbs ein *a*, *o* oder *u*, so werden diese Vokale im Konjunktiv II umgelautet.

	Indikativ Präsens		**Konjunktiv I**		**Ind. Präteritum**		**Konjunktiv II**	
ich	geb-e	sag-e	geb-e	sag-e	gab	sagt-e	gäb-e	sagt-e
du	gib-st	sag-st	geb-est	sag-est	gab-st	sagt-est	gäb-est	sagt-est
er	gib-t	sag-t	geb-e	sag-e	gab	sagt-e	gäb-e	sagt-e
wir	geb-en	sag-en	geb-en	sag-en	gab-en	sagt-en	gäb-en	sagt-en
ihr	geb-t	sag-t	geb-et	sag-et	gab-t	sagt-et	gäb-et	sagt-et
sie	geb-en	sag-en	geb-en	sag-en	gab-en	sagt-en	gäb-en	sagt-en

1 Setzen Sie das angegebene Verb in der richtigen Konjunktivform ein.

Axel Hacke (geb. 1956)

Schluckrohr (2008)

Das Wort „Speiseröhre" hat mir, unter uns gesagt, noch nie gefallen, weil es die Sache nicht richtig trifft, es ________________ (müssen) ja dann, analog, auch noch eine „Getränkeröhre" geben. Gibt es aber nicht. Und wer beschreibt nun mein Erstaunen, dass ausgerechnet an einem Tag, an dem das Wort „Speiseröhre" mir besonders wenig gefiel, Herr M. Folgendes schrieb: Seine Frau ________________ (sein) wie er selbst Ärztin, ________________ (stammen) indes aus Brünn. Sie ________________ (sprechen) perfekt Deutsch, ________________ (konstruieren) jedoch manchmal Wörter ... also, einfach wunderbar: Sein persönliches Lieblingswort ________________ (sein) „Schluckrohr" anstelle von „Speiseröhre" oder „Ösophagus".

Info

Funktion und Verwendung des Konjunktivs

Indikativ und Konjunktiv des Verbs zeigen an, wie wirklich und sicher eine Aussage ist.

- Der **Konjunktiv I** wird vor allem bei der indirekten Rede verwendet: Wenn man wiedergibt, was jemand gesagt hat, steht das Verb im Konjunktiv I: *Er behauptete, er sage die Wahrheit.*
- Wenn sich der Konjunktiv I nicht vom Indikativ unterscheidet, verwendet man den **Konjunktiv II als Ersatzform**.
- Den **Konjunktiv II** verwendet man außerdem, wenn man etwas als unwirklich, unwahrscheinlich etc. kennzeichnen möchte: *Wenn das wahr wäre, käme es einer Sensation gleich.*
- Wenn der Konjunktiv II als ungebräuchlich oder unschön empfunden wird, kann man die Ersatzform mit *würde* verwenden, z. B.: Er betonte, er *empfähle*, sich auf den Kompromiss einzulassen. → Er betonte, er *würde empfehlen*, sich auf ...
- Auch wenn der Konjunktiv II nicht von der Form des Präteritums zu unterscheiden ist, benutzt man die Ersatzform mit *würde*, z. B.: Sie sagte, sie *liefen* jetzt einmal um den See. → Sie sagte, sie *würden* jetzt einmal um den See *laufen*.

2 Unterstreichen Sie im folgenden Text alle Konjunktivformen. Bestimmen Sie am Rand die Form und benennen Sie deren Funktion, z. B. *Kennzeichnung der indirekten Rede, Ersatzform für Konjunktiv I oder II, Ausdruck des Irrealen.*

Axel Hacke (geb. 1956)

Hupraum (2008)

Eines Tages bekam ich eine Post von Herrn Z. aus March-Buchheim, die mich an einen eigenen kindlichen Irrtum erinnerte. Z. schrieb mir nämlich, er habe lange gedacht, „man würde die Steuerklassen von Autos anhand des Hupraumes ermitteln". Als Blinder habe er das Wort nie geschrieben gesehen, immer nur gehört, „und als wohl einer der wenigen Jungens, die sich nicht für Motoren interessierten, konnte ich mir unter Hupraum nicht viel vorstellen". Genau so ging es mir als Kind, allerdings mit dem Unterschied, dass ich das Wort sehr wohl geschrieben gesehen hatte, im Auto-Quartett zum Beispiel, die Schreibweise „Hubraum" allerdings immer unbewusst-unwillkürlich für einen Druckfehler hielt und selbstverständlich davon ausging, es müsse „Hupraum" heißen. Z. schreibt, für ihn als Musiker sei die Hupe immer viel präsenter gewesen als irgendein geräuschloser Hub, und er finde, „es wäre doch ein wunderbar einfaches Verfahren, die richtige Steuerklasse mit einem kurzen Druck auf die Hupe feststellen zu können". [...] Die Kfz-Steuer sollte dann insgesamt nicht mehr erhoben, sondern erhupt werden. Und die Kerle mit den lautesten Hupen müssten am meisten zahlen.

3 **a** Konjunktiv I oder II? Setzen Sie im ersten Textabschnitt die Verben in der richtigen Konjunktivform ein.
b Geben Sie das Gespräch zwischen Vater und Sohn sowie den letzten Abschnitt des Textes in indirekter Rede wieder. Achten Sie auf passende, die indirekte Rede einleitende Sätze.

Axel Hacke (geb. 1956)

„Du kennst mich nicht!" (2006)

Einmal träumte der Erziehungsberater, seine Kinder ____________ (sein) groß, und sie ____________ (sein) alle – wie sagt man? – „aus dem Haus", und er ____________ (müssen) sich nicht mehr um sie kümmern. Aaaaah, er ____________ (sein) aller Sorgen ledig und ____________ (können) morgens schlafen [...]

Dann musste er aber doch abends den kleinen Max ins Bett bringen, der einen schlechten Tag gehabt hatte und durch die Gegend brüllte wie blöd, ganz überdreht und übermüdet, und sinnlos heulend im Bett saß.
Ich sprach, nach Ausschöpfung aller anderen Möglichkeiten des Zuredens, den schlichten Satz: „Max, nun leg dich einfach hin und schlaf, du bist so furchtbar müde."

Max: „Ich bin nicht müde!"
Ich: „Doch, du bist müde, das weiß ich."
Max: „Woher weißt du das?!"
Ich: „Weil ich dich kenne."
Max: „Du kennst mich nicht!!"
Ich: „Doch, ich kenne dich, ganz lange schon."
Max (schreiend, voller Wut): „Nein !!! Du kennst mich nicht. Ich bin nämlich gar nicht der Max."
Ich: „Wer bist du denn?" Max (schreiend, trotzig): „Das sag' ich dir nicht!!"
Ja so wird es eines Tages sein: Die eigenen Kinder werden nichts mehr von einem wissen wollen. Man wird sie nicht mehr kennen, und man wird allein sein. Scheißtraurig das.

Tipp

Haben Sie Spaß an den Glossen von Axel Hacke? Hier die zwei Bücher, aus denen sie stammen: Axel Hacke: Der kleine Erziehungsberater. München: Verlag Antje Kunstmann 2006. – Axel Hacke: Wortstoffhof. Sprachgeschichten von Äh bis Zeitfenster. München: Verlag Antje Kunstmann 2008.

10.6 Richtiges Zitieren

Info

Wörtliche Zitate in den eigenen Text integrieren

- Zitate werden am Anfang und am Ende durch Anführungszeichen kenntlich gemacht.
- Am Wortlaut des Zitats darf nichts verändert werden.
- Nach jedem Zitat ist in runden Klammern der Fundort durch Seiten-, Zeilen- oder Versangaben anzugeben, z.B.: Nach Ansicht der Rednerin ist das „der wichtigste Satz dieser letzten Wochen" (▶ Seite 25, Z. 56).
- Zitiert man einen Text, in dem sich selbst wiederum ein Zitat befindet, wird dieses in einfache Anführungszeichen gesetzt, z. B.: „‚Rechtssicherheit spart Staatssicherheit!'", zitiert Christa Wolf einen aktuellen Slogan (▶ Seite 25, Z. 42).

Zitate mit Veränderungen in den eigenen Text integrieren

- Auslassungen innerhalb des Zitats werden durch drei Punkte in runden oder eckigen Klammern kenntlich gemacht: (...) oder [...].
- Um Zitate inhaltlich oder sprachlich in den eigenen Satzbau zu integrieren, können sie grammatisch angepasst oder inhaltlich erläutert werden. Diese Veränderungen sind mit eckigen Klammern kenntlich zu machen, z. B.: Nach Christa Wolf befreit „jede revolutionäre Bewegung [...] auch die Sprache." (▶ Seite 24, Z. 1 f.).

1 Die folgenden Sätze stammen aus einer Analyse zur Gabriele Wohmanns Kurzgeschichte „Der Rivale" (▶ Seite 50 f.). Prüfen Sie die Zitate in den Aussagen und schreiben Sie jedes Zitat fehlerfrei auf.

1. Das Verliebtsein von Simone wird mit zahlreichen Metaphern anschaulich beschrieben, z. B. heißt es, dass sie „nur aus Herzklopfen besteht" und „von den Zehen bis zu den Haarwurzeln verliebt" ist (Z. 6 – 7).

____

____

____

2. Nur in ihren Gedanken spricht Simone aus, was sie will, nämlich dass Rudi „endlich zugreift bzw. doch wenigstens diesen dringlichen Wunsch!" äußert.

____

____

3. Gleichzeitig wird auch klar, was Simone vorhat: Wenn ihr Plan aufgeht, soll der Ring ihn anfeuern.

4. In der Umsetzung des Plans wird sie immer ausschweifender: „Ich bin mit diesem Mann verlobt. Ich bin mit diesem Mann verlobt, obwohl er noch verheiratet ist. etc." (Z. 14–16)

2 Die folgenden Aussagen beziehen sich auf die Rede der Schriftstellerin Christa Wolf am 4. November 1989 (▶ Seite 24 f.).

a Setzen Sie die fehlenden Satzzeichen. Achten Sie dabei auch besonders auf die Begriffe, die schon in der Rede selbst durch Anführungszeichen hervorgehoben sind.

b Ersetzen Sie die Zitate durch frei formulierte Aussagen, die das Gesagte sinngemäß wiedergeben.

1. Christa Wolf beginnt ihre Rede mit der These Jede revolutionäre Bewegung befreit auch die Sprache (Z. 1 f.)

2. Die Rednerin gesteht ein Mit dem Wort Wende habe ich meine Schwierigkeiten (Z. 18)

3. Sie würde von revolutionärer Erneuerung sprechen. (Z. 22)

4. Am Ende appelliert Wolf an ihre Zuhörer Wir – sind – das – Volk Eine schlichte Feststellung Die wollen wir nicht vergessen. (Z. 57 f.).

Tipp

Verwendung von Zitaten

Prüfen Sie beim Zitieren,

- dass Sie das Zitat nicht sinnverfälschend gegenüber seinem ursprünglichen Textzusammenhang in Ihren eigenen Text einsetzen;
- dass Sie nicht vor lauter Zitaten keinen eigenen Gedankengang mehr entwickelt haben;
- ob die von Ihnen verwendeten Zitate tatsächlich als wörtliche Belege notwendig sind. Der zitierte Text sollte nicht als Formulierungshilfe genutzt werden!

Autoren- und Quellenverzeichnis

Almond, David u. a.: „Klick!". Zehn Autoren erzählen einen Roman. München: Hanser 2009, S. 67 f; **Bronsky, Alina** (*1978): Scherbenpark. Köln: Verlag Kiepenheuer & Witsch. 2008; **Essig, Rolf-Bernhard** (*1963): Eine Milchmädchenrechnung. Aus: Ders.: Da wird doch der Hund in der Pfanne verrückt. Die lustigen Geschichten hinter unseren Redensarten. München: Hanser Verlag 2009, S. 46 f.; **Franck, Julia** (*1970): Mir nichts, dir nichts (2000). Aus: J. F.: Bauchlandung. Geschichten zum Anfassen. Köln: DuMont, 2000, S. 95–99; **Gaschke, Susanne:** Mitmachen? Warum nicht! In: Die Zeit 39, 23.09.2010, S. 6; **Hacke, Axel** (*1956): „Du kennst mich nicht!" Aus: A. H.: Der kleine Erziehungsberater. München: Verlag Antje Kunstmann 2006, S. 17; Hupraum, Schluckrohr. Aus: A. H.: Wortstoffhof. Sprachgeschichten von Äh bis Zeitfenster. München: Verlag Antje Kunstmann 2008, S. 109; **Kaehlbrandt, Roland:** Unsere Sprache verkommt zum Plastik-Deutsch. Aus: Sächsische Zeitung online, 05.02.2011: http://www.sz-online.de/Nachrichten/Politik/Unsere_Sprache_verkommt_zum_Plastik-Deutsch/articleid-2679908, aufgerufen 12.02.2011; **Lessing, Gotthold Ephraim** (1729–1781): Emilia Galotti (III/5). Stuttgart/Leipzig: Reclam, 1991, S. 43 f.; **Mouskouri, Nana u.a.:** Als Fremdsprachler in Deutschland. Aus: SZ Magazin Nr. 30, 24.07.09, S. 13–15; **Rilke, Rainer Maria** (1875–1926): Zum Einschlafen zu sagen. Aus: R.M.R.: Gesammelte Werke in fünf Bänden. Gedichte II (Band 2). Frankfurt/M./Leipzig: Insel Verlag, 2003, S. 143; **Schmidt, Walter:** Neue Normen. Aus: Der Tagesspiegel, 23.07.2008, http://www.tagesspiegel.de/berlin/schule/neue-normen/1284862.html, aufgerufen am 14.01.2011; **Steinfeld, Thomas:** Sprachverführer. Die deutsche Sprache: was sie ist, was sie kann. München 2010, S. 243 f.; **Tonger-Erk, Lily/Wagner-Egelhaaf, Martina:** Historischer Ort der Rede. In: Einspruch! Reden von Frauen. Hg. v. Lily Tonger-Erk und Martina Wagner-Egelhaaf. Stuttgart: Reclam 2011; **Wohmann, Gabriele** (*1932): Der Rivale. Aus: G.W.: Scherben hätten Glück gebracht. Berlin: Aufbau Verlag, 2006, S. 171–173; **Wolf, Christa:** Sprache der Wende. Rede auf dem Alexanderplatz. In: Ch. W.: Werke. Bd. 12: Essays, Gespräche, Reden, Briefe 1987–2000. Hg., komm. und mit einem Nachw. vers. von Sonja Hilzinger. München: Luchterhand, 2001, S. 182–184.

Bildquellenverzeichnis

S. 6: Christiane Pfohlmann, **S. 12:** Carl Hanser Verlag, München, **S. 16:** Hornbach Baumarkt AG, **S. 24:** Picture Alliance/AFP, **S. 32:** Karl Blessing Verlag, **S. 36:** Spiegel, Hamburg, **S. 40:** Fotofinder/Joker/Gudrun Petersen, **S. 47:** Picture Alliance/Jörg Carstensen, **S. 50:** Picture Alliance/Frank Rumpenhorst, **S. 51:** Aufbau Verlag, **S. 54:** shutterstock/Elena Volegzhanina, **S. 58:** wikipedia, **S. 62:** UllsteinBild, **S. 63:** UllsteinBild, **S. 66:** Wikipedia, **S. 72:** Picture Alliance, **S. 73:** Deutscher Taschenbuch Verlag, München

Redaktion: Anja Köpper
Außenredaktion: Carola Jeschke, München
Bildrecherche: Gertha Maly
Illustrationen: Olive Meyer
Umschlaggestaltung: Rosendahl Grafikdesign, Berlin
Layout und technische Umsetzung: EYES-OPEN, Berlin

Dieses Arbeitsheft ergänzt das Lehrwerk „Texte, Themen und Strukturen für die Fachhochschulreife"; ISBN 978-3-06-450424-0

www.cornelsen.de

1. Auflage, 8. Druck 2025

Alle Drucke dieser Auflage sind inhaltlich unverändert und können im Unterricht nebeneinander verwendet werden.

Druck: H. Heenemann, Berlin

ISBN 978-3-06-450537-7

PEFC
PEFC/04-31-1156

PEFC-zertifiziert
Dieses Produkt stammt aus nachhaltig bewirtschafteten Wäldern
www.pefc.de